系统性风险对
技术创新的影响研究

史永东　杨瑞杰　张向丽　著

本书得到了如下基金的资助：

国家自然科学基金"系统性风险对技术创新的影响：基于风险分层和交叉传染的视角"（项目批准号：71971046）

国家自然科学基金"公司债券违约风险防范：基于公司债特殊条款和政府参与评级的视角"（项目批准号：72172029）

科学出版社

北　京

内 容 简 介

技术创新是社会生产力发展的源泉,对经济社会的方方面面都有着巨大的影响,正因如此,世界各国不断推出新举措、新办法,鼓励和支持企业进行技术创新,并将其作为增强国家竞争力的重要手段。然而,影响技术创新的风险具有全局性和连带性,是一种系统性风险。受限于研究视角,以往文献针对单一环节、单一类型的风险与技术创新之间关系的研究方式"失之偏颇"。本书借助动态混合 β 测度方法,摒弃了共同风险因子的概念并对市场风险 β 进行二次分层,将其归因于三类系统性风险:宏观经济风险、微观企业风险、宏微观之间的交叉传染风险。本书深入研究了上述三种不同类型的系统性风险对技术创新的影响,以及相应的传导路径和作用机理,不仅为准确理解系统性风险如何影响技术创新提供了经验证据,而且为对应的风险管理提供了理论参考。

本书适合经济学、金融学及相关专业的硕士、博士研究生阅读,同时也适合高等院校的教师和科研人员以及业界人士、金融监管人员和政策制定者阅读。

图书在版编目(CIP)数据

系统性风险对技术创新的影响研究 / 史永东,杨瑞杰,张向丽著.
北京:科学出版社,2024. 12. — ISBN 978-7-03-079818-3

Ⅰ. F124.3

中国国家版本馆 CIP 数据核字第 2024QY9959 号

责任编辑:郝 悦/责任校对:姜丽策
责任印制:张 伟/封面设计:有道文化

科 学 出 版 社 出版
北京东黄城根北街 16 号
邮政编码:100717
http://www.sciencep.com

北京九州迅驰传媒文化有限公司印刷
科学出版社发行 各地新华书店经销
*

2024 年 12 月第 一 版 开本:720×1000 B5
2024 年 12 月第一次印刷 印张:10 1/2
字数:220 000

定价:128.00 元
(如有印装质量问题,我社负责调换)

目　　录

第 1 章 导　　论

1.1　技术创新的重要性

　　"创新是一个民族进步的灵魂，是一个国家兴旺发达的不竭动力，也是中华民族最深沉的民族禀赋。在激烈的国际竞争中，惟创新者进，惟创新者强，惟创新者胜。"[①]近年来，技术创新在国家之间综合实力的比拼中发挥着愈发关键的作用。例如，2022 年 11 月 30 日 Open AI 发布了人工智能模型 ChatGPT，这是人类在 AlphaGo 之后，在人工智能领域的又一里程碑事件，受此推动，美股标准普尔 500 指数、纳斯达克 100 指数在 2023 年上半年分别实现了 15.9% 和 38.8% 的涨幅，这是技术创新最为直观的效果。然而，以 2018 年 3 月的中美贸易战为开端，欧美国家对华技术限制不断升级，如 2022 年 8 月 9 日美国总统拜登签署《芯片和科学法案》，最终规则已于 2023 年 9 月 22 日发布，禁止申请美国联邦资金支持的芯片企业在中国增产和进行科研合作，称这是为了保护美国的"国家安全"。

　　在复杂多变的国际大环境下，我国如何打破外部封锁，提升自主创新能力，不落入中等收入陷阱，顺利实现中国式现代化，高度依赖于技术创新的重要推动力。2023 年 7 月 5 日至 7 日，习近平总书记在江苏考察时的讲话对当前环境下我国技术创新的下一步发展做出了重要指示："要深化科技体制改革和人才发展体制机制改革，形成支持全面创新的基础制度，多元化加大科技投入，加强知识产权法治保障，充分激发各类人才创新活力。"[②]党的二十大之后，党中央、国务院出台了一系列旨在加快我国技术创新的政策文件，部委快速跟进，贯彻落实决策部署，印发相关领域实施意见，如工业和信息化部于 2023 年 8 月 15 日印发了《制造业技术创新体系建设和应用实施意见》，力求通过技术体系的建设和应用，有效推动产业科技攻关、科技成果产业化和新技术推广，促进标准、质量、关键软件等产业基础能力建设，指导地方开展产业链强链补链、区域产业集群发展，引导企业不断提升供应链风险管理水平、持续优化技术研发体系。

---

① 《习近平在欧美同学会成立 100 周年庆祝大会上的讲话》，https://www.gov.cn/ldhd/2013-10/21/content_2511441.htm，2013-10-21。

② 《习近平在江苏考察时强调：在推进中国式现代化中走在前做示范 谱写"强富美高"新江苏现代化建设新篇章》，https://www.gov.cn/yaowen/liebiao/202307/content_6890463.htm，2023-07-07。

学术领域对技术创新各个维度的阐述层出不穷，但不论中外，其观点都高度一致，即技术创新对经济发展起着关键作用，且这一要素较之其他要素的重要性在不断上升。王小鲁等（2009）、唐未兵等（2014）的研究表明，中国经济可持续增长的关键因素就是创新。作为创新的重要组成部分[①]，技术创新是社会生产力发展的源泉：与企业组织的天然联系使其可以通过技术进步-应用创新的"双螺旋结构"加速商业化流程，与目标产品的自然结合使其可以直接作用于社会大众（Mansfield，1963），以上两个特征决定了技术创新对经济社会的方方面面都有着巨大的影响[②]。Schumpeter（1912）认为，与传统力量不同，技术创新作为一种非均衡力量会引发经济活动的巨大起伏，长期来看这一力量对经济增长有着强大的推动力，并能带领经济发展"跳跃"前进。Grossman 和 Helpman（1991）进一步指出，技术创新的收益不能完全由创新者独占，这种正的"外部性"为内生技术创新提供了源源不断的动力，最终推动经济持续增长。也因如此，世界各国均认识到了技术创新对经济增长的重要作用，并将其作为增强国家竞争力的有效手段，纷纷采取相应措施鼓励和支持企业进行技术创新，美国1980年出台的《史蒂文森-怀德勒技术创新法》和《拜杜法案》、以色列1984年出台的《工业研究和发展促进法》、日本1985年出台的《中小企业技术开发促进临时措施法》、法国1999年出台的《技术创新与研究法》等，都肯定了技术创新的重要性，各国希望辅之良好的政策环境以保持国家的长期竞争力。

1.2 宏观经济增长模型对技术创新重要性的经典阐述

1956年，麻省理工学院的教授罗伯特·默顿·索洛（Robert Merton Solow）发表了一篇关于经济增长问题的论文。这篇论文用十分简洁的数学公式将资本、人口、储蓄率、技术、国民收入等重要的经济概念串联了起来，构造了一个关于储蓄、资本积累和人均收入增长之间互动关系的模型。该论文一经发表，就引起了学界的高度重视。有学者认为，索洛用最简单的语言给出了对现代经济增长最好的描述，他的模型几乎可以被称为"上帝的模型"。

在模型中，索洛试图用储蓄引起的人均资本变化来解释人均收入的变化，但在建模过程中，他却发现还有一个余项对人均收入的影响是不可忽视的。

---

① 创新的概念非常广泛，根据经济社会中创新活动的不同领域，可以将其分为技术创新、管理创新、商业模式创新、市场创新等。

② 18世纪技术创新的代表性产物是蒸汽机，它的出现开启了英国将近200年的"日不落帝国"神话；19世纪电磁感应技术的快速普及引发了电力革命，促使这一时期的劳动生产率迅速提高；20世纪70年代后期以集成电路封装、软件工程等为核心的计算机技术推动了信息技术（IT）产业快速崛起，人类社会进入了信息时代；20世纪90年代后期，互联网、大数据、云计算、物联网、人工智能等技术的逐步登场，改变了人们的生活方式。

1957 年，他基于自己的模型进行了统计核算，发现人均资本的变动只能解释人均收入变动的 12.5%，其他的 87.5%则来自这个余项的贡献。这个余项是什么呢？索洛给出的答案是技术创新。如果照此解释，那么与其说他的模型给出的是储蓄和人均资本存量的关系，倒不如说是论证了技术创新对于增长的重要性。

在索洛之后，有很多学者尝试在索洛的基本核算模型中加入各种要素，试图用它们来对增长进行解释，结果是反复证实了技术在增长过程中的重要性。这就启发人们，要真正解释增长的奥秘，理解人口规模、资本存量等宏观要素的决定作用固然重要，但最为根本的却是揭开技术创新的奥秘。

1.3　为何技术创新面临系统性风险："过程"与"结果"

技术创新呈现出的通常仅仅是"结果"部分，其"过程"部分蕴藏的艰辛并不为人们关注，恰恰这一部分能够反映技术创新的本质——与高收益相伴，技术创新的背后往往伴随着巨大的风险。无论是前期的规划阶段、中期的生产过程，还是后期的流通环节，风险无处不在，且任一风险的发生都有可能导致"全盘皆输"：其一，技术创新的理论基础有了，实用技术的关键细节可能无法获得，即便掌握了实用技术的关键细节，配套技术也不一定过关，这是技术风险；其二，配套技术也有了，但需要充足的资金获取设备、工具、实验基地等，企业的融资渠道不一定通畅，这是财务风险；其三，融资渠道通畅了，但国家、地方出台的环保政策、能源政策、科技政策等调整频繁，企业不一定能顺利获得相关的技术许可，这是政策风险；其四，最终产品的竞争力无法确定，不一定能得到目标客户的认可，这是商业风险。事实上，我们可以从两个角度看待技术创新的特征："高收益"是技术创新的成果，也是其最为重要的推动力，吸引了大量企业积极参与；"高风险"是技术创新的成本，也是其最大的阻滞力，将大量企业的创新计划"拒之门外"。值得关注的是，两者之间的"准对称性"使得高收益与高风险并不存在一一对应的关系，政府出台一系列政策，目的就是提高技术创新收益、降低技术创新风险。进一步分析可以发现：与技术创新的收益仅仅体现在"结果"上不同，技术创新的风险贯穿于整个"过程"；与技术创新收益的不可预测性和颠覆性不同，技术创新的风险和宏观经济、行业环境、企业自身都有着紧密联系，可以根据相应条件做出适时调整。因此，对那些影响技术创新的风险进行溯源，找出与之对应的风险管理方法，是提升技术创新效率最为直接的手段。

根据信息经济学的定义，任何使得事物呈现不确定性的因素都可以称为风险。较之短期投资和长期的固定资产投资，与技术创新相关的研发投入很难区分优劣，这导致了技术创新需要更高的风险补偿（Brealey et al.，1977）。技术创新对"环境"的依赖性非常强,"中国创造不了价值,首先是因为缺少土壤"①,而"土壤"则关乎企业在经营管理中面临的各类风险,中国创造不了价值是因为缺少土壤。因此,如何全面、客观、有效、准确地衡量企业面临的系统性风险(systemic risk,SRISK)②,分析其与技术创新之间的关系是一个亟须解决的重要问题。采用股票价格的系统性风险衡量相应企业的系统性风险是一个可行方案:首先,经济利润是企业追求的核心变量,企业价值是未来所有时期的经济利润的贴现累加,而股票价格则是企业价值的有效刻画,所以,股票市场的价格风险能够较为全面、客观地反映企业面临的现实风险;其次,对于股票价格的系统性风险,可以通过对应的定价因子追溯风险来源,这一点确保了风险测度的有效性;最后,股票价格的系统性风险对应的定价因子之间趋于正交,这一点保证了风险测度的准确性,即不同风险之间不会产生重合进而产生测度偏误(Cochrane,2005)。基于上述情况,本书试图从企业面临的系统性风险入手,实证分析其对技术创新的种种影响,这不仅为准确理解系统性风险如何影响技术创新提供了经验证据,而且为对应的风险管理提供了理论参考。

1.4 系统性风险影响技术创新的研究意义、内容和方法

1.4.1 研究意义

技术创新是社会生产力发展的源泉和中国经济可持续增长的关键,与系统性风险的紧密联系使得企业在创新过程中所面临的不同风险存在着环环相扣、难以分离的性质,这不仅会打压企业的创新热情、影响社会的创新环境,还会对宏观经济的健康发展产生消极影响。自然而然的问题就是,如何溯源并量化技术创新的不同风险?这些风险与技术创新的关系是怎样的?哪些因素会对这一关系产生影响?能否寻找合适的方法进行风险管理?本书正是围绕以上问题,采用中国市场的实际数据,通过实证分析进行解答,本书的研究结果具有一定的理论意义和现实意义,大致可以归结为以下两个方面。

(1)本书的研究结果基于系统性风险"全局""传染"的视角,能够反映风险与技术创新之间关系的"全貌"。已有文献从多个角度研究了不同风险对技术创新的影响,这些研究主要关注企业经营活动中某一环节的风险(技术风险、财务风

---

① 取自 2012 年 7 月 2 日,任正非与华为"2012 实验室"科学家的座谈会纪要("2012 实验室"是华为的一个部门,专门开展创新基础研究)。

② 鉴于系统性风险的巨大破坏力,2017 年 11 月 4 日,央行在官网发布了周小川的署名文章,标题是"守住不发生系统性金融风险的底线"。

险、政策风险、商业风险等）与技术创新的关系，或者资本市场上某一类型的风险（波动率风险、流动性风险等）与技术创新的关系。然而，技术创新"过程"所面临的风险是一种系统性风险。由于没有从"全局""传染"的角度测算风险，以往针对单一环节、单一类型风险的关系研究难以反映风险与技术创新之间关系的"全貌"，所得结论"失之偏颇"。因此，本书从系统性风险的角度全面分析其与技术创新的关系，避免了"只见树木，不见森林"的窘境，是对原有研究的深入挖掘，丰富了相关领域的研究成果，具有一定的理论意义。

（2）本书的研究结果显示出了宏观、微观、交叉传染三个层面的系统性风险对技术创新的不同影响，以及何种措施可以增强、减弱这些影响，有利于企业、投资者和监管当局进行针对性的风险管理。技术创新与宏观经济、行业环境、企业自身都有着紧密联系，为了全面、客观、有效、准确地衡量企业面临的系统性风险，本书借鉴 Cosemans 等（2016）采用动态混合 β 测度方法的思路，在截面、时间两个维度对传统资产定价模型进行了扩展，摒弃共同风险因子的概念对市场风险 β 进行二次分层，将其归因于三类系统性风险，即宏观经济风险、微观企业风险以及交叉传染风险。所以，与现实中系统性风险的表现形式相对应，本书不仅厘清了影响技术创新的系统性风险的不同来源，而且探讨了能够对宏观经济风险、微观企业风险、交叉传染风险与技术创新的关系产生影响的一系列因素，以上研究对于企业自身的创新活动和政府及监管当局的政策制定有着重要的参考价值，具有一定的现实意义。

1.4.2 研究内容

围绕系统性风险如何影响技术创新这一主题，本书的研究思路如下：首先，将股票作为企业的信息载体，利用动态混合 β 测度下的资产定价模型刻画企业的系统性风险，由于摒弃了共同风险因子的概念，我们可以将企业所面临的系统性风险分为三类，即宏观经济风险、微观企业风险以及交叉传染风险；其次，采用"申请日"提交并最终获得中国国家知识产权局授权的专利数目度量技术创新的数量，其中的专利包括发明专利、实用新型专利和外观设计专利，基于中国的特殊情景（国外学者一般采用专利的引用次数作为技术创新的代理变量，可是中国专利数据库没能提供相关信息），如何有效地测度技术创新的质量是研究者面临的重要挑战（张杰和郑文平，2018），国外学者一般将专利的引用次数作为技术创新的代理变量（Hsu et al.，2014），可是由国家知识产权局和中国专利信息中心开发的中国专利数据库没能提供相关信息，借鉴 Akcigit 等（2016）、Aghion 等（2019）、张杰和郑文平（2018）的度量方法，我们使用中国专利数据库的企业专利数据，依据国际专利分类（International Patent Classification，IPC）号，采用专利的知识宽度测算技术创新的质量；再次，实证分析宏观经济风险、微观企业风险、交叉传染风险与技术创新的数量和质量的关系；最后，进一步研究何种因素会对宏观经济风险、微观企业风险、交叉传染风险与技术创新的数量和质量的关系产生影响。

全书一共分为 11 章，研究内容的结构安排如下。

第 1 章，导论。首先，介绍本书的研究背景；其次，引出本书的研究目的，并从理论层面和现实层面说明本书的研究意义；再次，简单描述本书的研究思路和内容以及在研究过程中需要借助的研究方法和对应工具；最后，讨论本书针对系统性风险与技术创新的研究存在的几点创新与不足之处，展望未来的研究方向。

第 2 章，文献综述。基于三个方面的论题梳理、归纳国内外已有研究，分别为：宏观风险对技术创新的影响；微观风险对技术创新的影响；风险传染对技术创新的影响。评论现有文献的不足之处以及可以改进的方面，凸显本书的研究价值。

第 3 章，系统性风险与技术创新的理论分析。首先，指出传统资产定价模型在风险测度方面存在的一些不足，结合现实状况说明相关的缺陷。其次，介绍动态混合 β 测度方法相对原有定价模型的改进思路和方法，阐述动态混合 β 测度方法在风险测度方面的特点：①对市场风险 β 的二次分层使得系统性风险可以归因于宏观经济风险、微观企业风险、交叉传染风险三个种类；②交叉传染作为系统性风险的重要特征由资产定价模型进行测度可以更为精准地刻画其"外部性"，而以往的定价模型是无法做到的。最后，探讨技术创新的来源和种类，引出本书针对技术创新的刻画角度——数量和质量，分析与之对应的传统度量方法及其缺点和不适用于中国市场的原因，说明本书采用的度量方法。

第 4 章，三类系统性风险的特征分析及对比。简要概述三类系统性风险，即宏观经济风险、微观企业风险和交叉传染风险的基本性质，给出三者的统计描述，并利用转移概率矩阵分析单一股票所承载的宏观经济风险、微观企业风险和交叉传染风险的持续性，为接下来的研究做铺垫。

第 5 章、第 6 章，分析宏观经济风险对技术创新的影响，以及这一影响的作用机理。首先，构建研究宏观经济风险与技术创新的数量和质量之间关系的计量模型，其中包含控制变量的选取、数据来源的说明等。其次，指出可能会对宏观经济风险与技术创新的数量和质量之间关系产生影响的一些因素：有形信息（tangible information）含量、无形信息（intangible information）含量、企业透明度、融资融券标的，给出相关的变量定义和度量方法，并构建与之相应的计量模型。再次，列出第 5 章、第 6 章涉及的全部变量的描述性统计结果。最后，采用分组排序的方法研究宏观经济风险与技术创新的数量和质量之间的关系，通过回归方法实证分析宏观经济风险与技术创新的数量和质量之间的关系，以及上述因素对宏观经济风险与技术创新的数量和质量之间关系的影响，并进行相关的稳健性检验。

第 7 章、第 8 章，分析微观企业风险对技术创新的影响，以及这一影响的作用机理。首先，构建研究微观企业风险与技术创新的数量和质量之间关系的计量模型，其中包含控制变量的选取、数据来源的说明等。其次，指出可能会对微观企业风险与技术创新的数量和质量之间关系产生影响的一些因素：地方官员变更、管理者的过度自信、投资者的过度自信和损失厌恶，给出相关的变量定义和度量方法，并构建与之相应的计量模型。再次，列出第 7 章、第 8 章涉及的全部变量的描述性统计结果。最后，采用分组排序的方法研究微观企业风险与技术创新的数量和质量之间的关系，通过回归方法实证分析微观企业风险与技术创新的数量和质量之间的关系，以及上述因素对微观企业风险与技术创新的数量和质量之间关系的影响，并进行相关的稳健性检验。

第 9 章、第 10 章，分析交叉传染风险对技术创新的影响，以及这一影响的作用机理。首先，构建研究交叉传染风险与技术创新的数量和质量之间关系的计量模型，其中包含控制变量的选取、数据来源的说明等。其次，指出可能会对交叉传染风险与技术创新的数量和质量之间关系产生影响的一些因素：企业社会责任、市场化水平、董事长和总经理的社会关系网络、社会关注度、行业博弈状态，给出相关的变量定义和度量方法，并构建与之相应的计量模型。再次，列出第 9 章、第 10 章涉及的全部变量的描述性统计结果。最后，采用分组排序的方法研究交叉传染风险与技术创新的数量和质量之间的关系，通过回归方法实证分析交叉传染风险与技术创新的数量和质量之间的关系，以及上述因素对交叉传染风险与技术创新的数量和质量之间关系的影响，并进行相关的稳健性检验。

第 11 章，总结。首先，对各章的研究结果进行归纳概括，提炼全书的主要结论；其次，结合当前中国市场的实际情况，给出适用于企业自身的切实有效的应对措施，以及适用于政府及监管当局的具有一定参考价值的政策建议。

1.4.3　研究方法

鉴于本书的研究目的在于实证分析系统性风险与技术创新之间的关系，因此具体的研究主要涉及计量模型构建和参数估计的方法，配合描述性统计、转移概率矩阵计算以及分组排序等一系列辅助方法。考虑到本书使用的理论模型较新，例如，动态混合 β 测度方法与传统的资产定价模型采用的共同定价因子不同，系统性风险的不可分散性并不是资本资产定价模型（capital asset pricing model，CAPM）、多因子模型所描述的来源于整体市场、相同类型定价因子的波动，而是既来源于宏观经济类的整体变量，也来源于微观企业类的个体变量，甚至来源于两者之间的交互变量，我们在第 3 章中用了一些篇幅对此进行深入介绍，并辅之以一定的模型推导（由于本书的研究领域并非局限于资产定价，而是利用资产定价模型进行风险测度以便研究其与技术创新之间的关系，因此更为详细的推导和验证可以参考对应的文献），但是本书更多的篇幅还是侧重于模型描述和方法应用。概括来说，本书中实证部分所采用的主要方法如下。

（1）第3章，以股票价格为载体，借助资产定价模型测度企业的系统性风险，利用 Cosemans 等（2016）提出的动态混合 β 测度方法在截面、时间两个维度对传统资产定价模型进行扩展，从而兼顾系统性风险的多样性和时变性，摒弃共同风险因子的概念对市场风险 β 进行二次分层，将其归因于三类系统性风险，即宏观经济风险、微观企业风险以及交叉传染风险。借鉴 Akcigit 等（2016）、Aghion 等（2019）、张杰和郑文平（2018）的研究思路，使用中国专利数据库的企业专利数据，依据国际专利分类号[①]，采用专利的知识宽度（专利所含知识内容的广泛程度和复杂程度）测算技术创新的质量。

（2）第5～10章，基于 Pakes 和 Griliches（1984）、Griliches（1998）、Hu 和 Jefferson（2009）的专利生产函数，结合系统性风险与技术创新的内在联系，分别构建宏观经济风险、微观企业风险、交叉传染风险与技术创新的数量和质量之间关系的计量模型，以及其他因素对宏观经济风险、微观企业风险、交叉传染风险与技术创新的数量和质量之间关系的调节作用的计量模型。主要方法或工具为：实证主体部分的静态面板模型设定（固定效应模型、随机效应模型、混合效应模型等）及其参数估计所需的聚类（cluster）稳健标准误（组间异方差、组内自相关）等，稳健性检验部分的动态面板模型设定及其参数估计所需的系统广义矩估计（generalized method of moments，GMM）方法、扰动项差分的二阶序列相关检验、萨根（Sargan）检验等。

（3）第7章、第9章，主要方法或工具为：在计算投资者的过度自信和损失厌恶的过程中使用的换手率分解、去趋势化处理、格兰杰（Granger）因果关系检验、近似不相关回归（seemingly unrelated regression，SUR）等；在测算社会关注度的过程中采用的百度搜索指数[②]；在计算上市公司的行业博弈状态的过程中采用的非线性最小二乘（nonlinear least squares，NLS）估计方法、高斯−牛顿（Gauss-Newton）迭代法等。

将全书的研究思路、内容与方法进行整理，得到如图 1.1 所示的研究框架。

---

① 专利分类的标准有很多，如国际专利分类号、欧洲专利分类号（ECLA）、美国专利分类号（CCL）、日本专利分类号（FI/F-term）、联合专利分类（CPC）号等，中国目前采用的是国际专利分类号。

② 根据搜索来源的不同，搜索指数分为个人计算机（PC）搜索指数（起始于 2006 年）和移动搜索指数（起始于 2011 年），中国的移动互联网崛起于 2011 年，搜索引擎的整体流量从 PC 端向移动端快速转移则发生于 2013 年之后，因此，本书所采用的搜索指数在 2011 年之前为 PC 搜索指数，在 2011 年之后（包含 2011 年）为 PC 搜索指数与移动搜索指数之和。

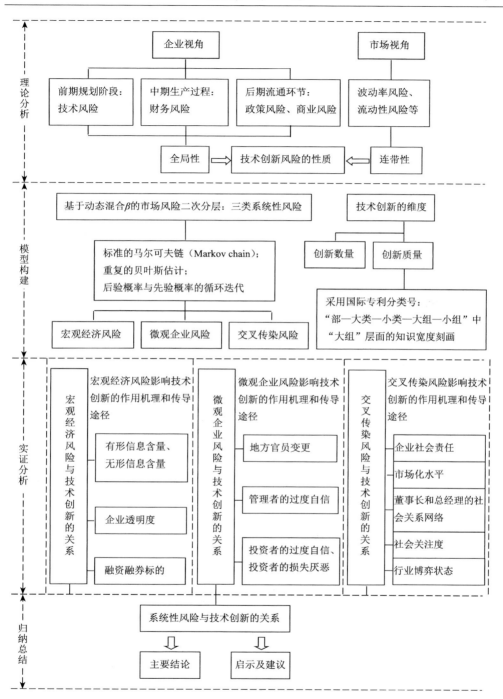

图 1.1　研究框架

1.5　本书的创新之处：视角、方法和范式

本书从系统性风险"全局""传染"的视角出发，分析其对技术创新的影响，探讨何种因素会对以上影响起到增强或减弱的作用，并针对企业的创新活动、投资者的投资决策以及监管当局的政策制定给出对应的建议。本书的创新点主要体现于以下几个方面。

（1）研究视角的创新。已有文献大多关注企业经营活动中某一环节的风险（技术风险、财务风险、政策风险、商业风险等）或资本市场上某一类型的风险（波动率风险、流动性风险等）对技术创新的影响。本书借鉴 Cosemans 等（2016）采用动态混合 β 测度方法的研究逻辑，摒弃了共同风险因子的概念并对市场风险 β 进行二次分层，将其归因于三类系统性风险：宏观经济风险、微观企业风险、交叉传染风险。综合来看，本书对于系统性风险与技术创新之间关系的研究是对原有研究的深入挖掘，且更为全面、客观、有效和准确，也更加贴近现实。

（2）研究方法的创新。对于技术创新，只有从"数量"和"质量"两个维度进行考量，才能较为客观、全面地反映技术创新的真实水平。相对于技术创新的"数量"，"质量"理应受到更多的关注，基于中国的特殊情景，如何有效地测度技术创新的质量是研究者面临的重要挑战。本书借鉴 Akcigit 等（2016）、Aghion 等（2019）、张杰和郑文平（2018）的研究思路，使用中国专利数据库的企业专利数据，依据国际专利分类号，采用专利的知识宽度测算技术创新的质量。

（3）研究范式的创新。不同于传统资产定价模型的参数估计，本书采用基于贝叶斯估计的动态混合 β 测度方法进行风险识别（以主观概率代替客观概率，利用先验概率计算后验概率，将本次估计得到的后验概率作为下次估计所需的先验概率，不断迭代，估计结果会逐渐逼近真实值），选取标准的马尔可夫链，通过1250 次重复的贝叶斯估计（去除前 250 次的结果），得到宏观经济风险、微观企业风险以及交叉传染风险的先验估计值及其标准误，结合普通最小二乘法（ordinary least squares，OLS）通过滚动回归 24 个月得到的宏观经济风险、微观企业风险以及交叉传染风险的样本估计值及其标准误，构建不同估计值的收缩权重（shrinkage weight）（若样本估计值的精度相对于先验估计值更低，则大部分权重会赋予先验估计值），计算宏观经济风险、微观企业风险以及交叉传染风险的后验估计值，将其作为对应的风险指标。

1.6　本书的不足之处及未来展望

尽管本书基于独特的视角、新颖的方法和范式从系统性风险"全局""传染"

的视角出发，深入研究了其对技术创新的影响，并探讨了何种因素会对以上影响起到增强或减弱的作用，但是受限于作者的知识储备和研究水平，本书在一些方面仍然存在不足之处。

首先，本书采用经验研究的方式为系统性风险与技术创新的关系提供了证据，对于系统性风险影响技术创新的机理、路径，主要从金融逻辑、经济直觉的角度进行理论推演和分析，受研究难度和复杂性的限制，本书没有基于严谨的数学公式构建出完整的理论模型，进而推导出相关参数的解析解。

其次，技术创新的概念远远超出了专利产出的范围，按照 Schumpeter（1912）的观点，技术创新的本质就是生产函数的迭代升级，企业采用先进的生产函数代替落后的生产函数可以在要素总量不变的情况下仅通过不同要素之间的"新组合"实现产量的增加。现实中，一些企业每年都收获大量专利，许多专利的质量更是遥遥领先，但是依然走入了下行轨道，如国际商业机器公司（International Business Machines Corporation，IBM）；反观一些企业每年的专利产出并不多，但却连续多年被评为全球最具创新力的公司，如苹果公司（Apple）。因此，采用研发投入和专利产出测算企业的技术创新仅仅出于简单、可量化，其全面性和有效性并不理想。

再次，借鉴 Cosemans 等（2016）、邓可斌等（2018）的研究思路，本书构建的动态混合 β 测度方法较新，并不像 CAPM、三因子模型、四因子模型等经历了较长时间的实证检验，且与 Daniel 和 Titman（1997）的观念类似，动态混合 β 测度方法摒弃了共同风险因子的概念，并对市场风险 β 进行了二次分层，这与主流定价模型的理念不同，未来需要更多的经验证据给予支持。

最后，本书的研究立足于企业，分析系统性风险与技术创新的关系，这是考虑到与资产定价模型中风险测度方法的天然结合，事实上，系统性风险的载体既可以是企业，也可以是行业、地区，甚至是国家，技术创新同样如此。所以，未来对于系统性风险与技术创新之间关系的研究需要从其他层面展开，以便进一步验证相关的研究结论。

随着对系统性风险、技术创新的不断理解和研究，以及相关数据和方法的不断积累，上述不足之处也为往后的研究提供了方向。

第 2 章 文 献 综 述

技术创新的风险来源多样：从企业的角度看，前期的规划阶段存在技术风险、中期的生产过程存在财务风险、后期的流通环节存在政策风险和商业风险，任一环节的风险都可能导致"全盘皆输"，这决定了风险的全局性；从市场的角度看，波动率风险、流动性风险等相互作用、难以剥离，这决定了风险的连带性。因此，本书力求从系统性风险的视角深入挖掘其与技术创新的关系，以及何种因素会对以上关系产生增强或减弱的作用，这对于企业、投资者和监管当局均有着一定的参考价值。结合当前的国际形势和中国"守住不发生系统性金融风险的底线"，本书借鉴 Cosemans 等（2016）、邓可斌等（2018）的研究思路，利用动态混合 β 测度方法对市场风险 β 进行了二次分层，将其分为宏观经济风险、微观企业风险和交叉传染风险三类，分别分析它们与企业技术创新的数量和质量的关系。为了与本书的研究目的、思路与方法相一致，我们按照以下三个视角梳理文献、评述文献：①宏观风险对技术创新的影响；②微观风险对技术创新的影响；③风险传染对技术创新的影响。

2.1　宏观风险对技术创新的影响

2.1.1　基于商业周期和融资约束关联的角度

对于企业来说，宏观风险难以预知，不仅如此，与之相应的风险防范机制也是一项巨大的系统性工程，一般企业很难进行有效的应对。一些文献基于商业周期和融资约束关联的角度分析了宏观经济风险对技术创新的影响。Jaffe 等（2000）对此进行了较为全面的研究，他深入分析了与商业周期相关的各种因素对企业研发投入和创新产出的影响，认为商业周期会通过影响企业管理层的信心、金融市场或中介机构的可借贷额度、消费者的需求总量以及行业未来前景四个方面来影响企业的创新投入，进而影响其创新产出。其中，金融市场或中介机构的可借贷额度、消费者的需求总量的下降会对技术创新产生短期的负面影响，而企业管理层的信心缺失和行业未来前景的黯淡则会对技术创新产生长期的负面影响，后两种传导路径放大了宏观经济风险对技术创新的负面影响。Martzoukos 和 Trigeorgis（2002）指出，宏观经济层面的风险常常具有突发性和不可预知性，"黑天鹅"的出现也常常源于此，这会对企业技术创新造成许多方面的干扰，特别是相关的投资、融资决策，企业通常受困于整体形势的下滑不得不放弃原有的研究计划或将之前一直进行的计划终止，以此应对融资约束及商业萧条等外部挑战，力求在艰难的市场环境中实现平稳过渡并保持企业的韧性与可持续性发展。Audretsch 和 Lehmann（2004）发现，技术创新通常需要大量的资金，这对企业的融资能力的要求很高，同时由于融资期限一般较长（一些项目从研发到产出的周期很长，企业的技术研发需要更为稳定和长期的资金支持），一旦遭遇商业下行周期的"债务-通货紧缩"（宏观层面的通货紧缩加大了债务偿还压力，大量企业为了偿还债务选择降价倾销商品，导致物价继续下跌，产生新一轮的通货紧缩）的双重压力，企业极有可能陷入"恶性循环"并不得不终止之前延续多年的创新项目，最终"前功尽弃"。Maksimovic 和 Phillips（2007）收集了接近 20 000 家非金融类企业的技术创新数据，得出外部融资的数量与技术创新有着稳定的关系，进一步研究发现：首先，发达国家的私营企业的外部融资数量越大，对应企业的技术创新水平越高，但是在发展中国家这一关系并不成立，原因是商业周期的频繁更迭使得外部融资的数量波动更大，其用途也与研发投入的关联更少，企业更愿意使用自有资金进行研发，这使得其研发效率下降；其次，若将经济形势大幅波动时间段的数据全部剔除，则外部融资数量越多企业技术创新水平越高的关系再次成立。以上观点与 Peneder（2010）、Antikainen 和 Valkokari（2016）的研究结果相互对应，即当年的经济增长率越低（宏观经济环境越差），企业该年的研发投入越少，这导致其未来数年的技术创新成果都会受到负面影响。Guellec 和 van Pottelsberghe de la Potterie（2004）、Linder 和 Williander（2017）从另外一个角度概括了技术创新可能受到商业周期影响的传导路径，即企业研发投入所需的资金一部分来源于自有资金，一部分来源于和公共部门的合作研究计划，还有一些来源于国外企业的投资，以上三类资金不仅是企业研发投入所需资金的主要来源，也是促进全社会的生产率不断提高的重要力量，但是以上三类资金中的自有资金和国外企业的投资对于宏观形势通常较为敏感，这也是宏观经济风险影响技术创新最为重要的原因之一。

2.1.2 基于宏观税负、制度环境和金融稳定的角度

部分学者基于宏观税负、制度环境和金融稳定的视角研究了宏观经济风险与企业技术创新的关系。da Rin 等（2006）的研究结果与以上观点类似，他们基于对欧洲 14 个国家的风险投资（venture capital，VC）、私募股权（private equity，PE）支持企业技术创新的面板回归分析发现，宏观税负的降低有助于改善企业从事技术创新的环境，但是对技术创新影响最大的则是宏观税负的上下波动，其对技术创新具有很大的阻碍作用，这种阻碍作用甚至超过了税负降低对技术创新的促进作用。这一研究表明，即便是宏观层面的轻微波动，也会对企业的技术创新

产生巨大影响，这可能来源于宏观风险的全局性，即企业的其他决策都依赖于宏观大环境，并在这一大框架下进行调整，显然框架的大幅变化所造成的影响大于框架内部其他因素变动的影响。Benfratello 等（2008）通过对意大利企业的调查研究发现，银行业的发展与制造业企业未来的技术创新成果息息相关，而银行业的整体发展速度主要取决于所在国家的金融稳定程度，因此，金融稳定和金融体系的健康发展是企业技术创新的重要动力，而金融体系的风险则会对技术创新产生消极影响。Peneder（2008）基于整个资本市场的角度，发现资本市场的制度不健全引发的市场大幅波动会导致企业不愿意将资本用于研发等风险较大、收益不确定性较高的环节，与之相伴的结果就是企业未来的创新产出会明显下滑，政府应该对企业的创新行为进行财政倾斜，并减弱制度层面的不确定因素对企业研发投入的消极影响。Rajan 和 Zingales（1998）、Chava 等（2013）、Akcigit 等（2022）的研究表明，一国的金融市场环境，尤其是制度环境的好坏对技术创新的影响是全方位的，他们根据投资、融资行为的不同将产业进行了细致划分，一些产业的技术创新更加依赖于外部金融市场及其稳定状态，而另外一些产业的技术创新对于金融市场及其稳定程度的要求并不高，这使得企业最初的项目规模，往后的研发计划、商业模式设计，最后的市场收获均存在显著的不同。结论是，那些更加依赖稳定的金融市场和良好的制度环境的技术创新常常诞生于发达国家，而那些对金融市场、制度环境的依赖性并不高的技术创新通常会在发展中国家出现。以上研究不仅说明了宏观层面的不确定性或风险可以影响企业的技术创新，还指出了其对哪些产业的技术创新影响更大。上述研究与事实相符，对于美国硅谷的崛起路径许多国家难以复制的根本原因就在于完善的金融市场及其配套制度使得技术创新的商业化进程大大加速了，这也是我国早期中关村建设想要模仿硅谷却不成功的重要原因。同时，中国电子商务和移动支付的崛起恰恰说明了金融制度的不完善和金融支付的落后给予了相关技术创新成长的土壤，并使得中国的一些互联网金融产业的发展可以领先于全球。Beck 和 Levine（2002）、Carlin 和 Mayer（2003）认为，包含金融机构、金融市场、金融工具等的金融系统对于宏观经济的影响不仅体现在总的经济增长率上，更体现在技术创新的水平上，因为技术创新大多需要资金支持，而资金流转的最为主要的场所就是金融系统，因此，金融稳定是技术创新的重要保障，与之对应的金融系统若出现大范围的系统性风险，则会对未来的技术创新产生非常严重的消极影响。以上两篇文献从系统性金融风险的角度分析了其对技术创新的影响，这与本书的研究目标大致相同，只不过其专注于探究宏观层面的系统性风险对技术创新的影响。以上文献附带的研究结果表明，那些经常受到国家政府尤其是金融系统支持的企业更有动力从事长时期的技术创新，而较少受到政府或金融系统支持的企业非常容易在金融危机中衰退。因此，与政府和金融机构保持紧密的联系是应对宏观风险和金融波动的良好方法。

2.1.3 基于金融结构的角度

考虑到金融结构是对一国金融系统中各个组成部分的分布、存在、相对规模、相互关系与配合状态的整体刻画，一些学者进而选择从金融结构的角度分析宏观经济风险与技术创新之间的关系。Tadesse（2002）将国家的金融结构分为银行主导型和市场主导型两类，以期研究不同的金融结构对技术创新的影响，以及相关的风险类型有何区别，其对 36 个国家的经验统计数据进行分析，发现金融体系发达的国家一般是市场主导型，因此市场风险对技术创新的影响会更加明显；而金融体系落后的国家一般是银行主导型，因此银行体系内的信用风险对技术创新的影响更大。本书认为：市场主导型的金融体系容易产生小规模的金融风险，但是时间上、空间上的风险分散作用，使得金融市场不容易产生系统性的风险，因此，技术创新面临的风险更加容易应对；银行主导型的金融体系可以平抑大多数的小型风险，但是银行的期限错配只能做到时间上的风险分散，这导致了系统性金融风险的发生更加频繁，技术创新面临的风险也更具系统性。中国当前的金融体系为银行主导型，"守住不发生系统性金融风险的底线"非常重要，这不仅是当前中国防范、管理金融风险的主旨，也是缓解系统性风险对各类企业技术创新的消极影响的有效手段。Atanassov 等（2007）的研究表明，股票市场和债券市场与企业的技术创新过程紧密相关，股票市场和债券市场的完善度越高、占据社会融资市场的比例越高，则企业的技术创新水平就越高，其中的关键因素是市场的完善和多元化在一定程度上降低了影响技术创新的不同风险之间的相关性。Cull 等（2013）、Polak 和 Boughton（2005）通过进一步的深入分析发现，政府的税收、财政政策的变化不仅会通过间接融资渠道作用于企业，还会通过股票市场、债券市场作用于企业的运营、投资和融资决策，进而影响企业的技术创新水平，且以上两种渠道的作用机理存在较大差异，此外，股票市场、债券市场占直接融资市场的比例会对宏观风险与企业技术创新的关系产生影响。

2.1.4 基于营商环境和政策风险的角度

企业的经营活动需要与具体的营商环境相结合，尤其是研发投入等一系列具有较高不确定性的投资，甚至需要预判未来的政策走向，这使得企业的技术创新会受到政策风险的影响。Romer（1990）指出，技术创新和技术进步的原动力来自企业旨在获得垄断势力的种种努力，因为与其他形式的垄断相比，技术垄断是获取垄断的唯一合法且快速的途径，同时，技术的非竞争性和排他性使得企业可以通过规模经济获取更多的超额利润，这进一步激励企业将更多的资金投入研发，从而形成"良性循环"。因此，建立公正、平等的竞争环境是维持企业创新动力的有效手段，而相关政策的不确定性会通过阻碍以上循环的方式间接降低企业的技术创新能力。对应的解决方法是完善相关的法律法规，将一系列可以人为操作的环节通过严谨的条例确定下来，以防来源于人为操作的政策风险，从而确保技术创新的稳定性。Langlois 和 Mowery（1995）着重强调了政策风险对技术创新的影响，在美国软件行业刚刚兴起的时候，政府的支持在其中起了很大的作用，联邦政府出钱培养了大量的软件工程师，创办了大量的培训机构，以及支持了一大批与教育相关的行业参与联合培养，这些努力对于后来美国软件行业的崛起具有很大的"外部收益"溢出效果，但是一个有趣的现象是，那些获得了政府支持的企业拥有了超越同行的增长速度和技术创新能力，而那些没有获得政府支持的企业有一半以上逐渐在未来几年与同行的竞争中消失，这再一次凸显了政策风险对于技术创新的重要性。对应的解决方法是主动参与政府主导的公共科学研究项目，以期在未来可以节省自身在市场竞争中所需投入的研发费用，尤其是在生物、医药等需要大量前期研发投入的领域，因此我们可以看到美国的许多企业热衷于参与政府主导的公共科学研究，其背后实际上是力求避免政策风险的种种努力，有着浓厚的利益导向氛围（Mcmillan et al.，2000）。Farrell 和 Whidbee（2003）研究了企业技术创新过程中的各类政策风险，发现企业对政策性风险的应对存在许多问题，主要原因是政策出台的偶然性和突然性（与经济环境不同，政策出台受制定者个人偏好的影响通常更加明显，这使得企业难以对其进行预判，且一些政策的出台在事先并无预兆），因此政策风险越大，企业的技术创新热情越低，对应的创新投入越少，创新产出也越少，这一结果与 Bhattacharya 等（2017）的观点一致。考虑到政府换届引发的政策不确定，企业不仅会减少当年的研发投入，甚至可能会停止持续多年的研究与开发（research and development，R&D）投资，这导致未来一定时期的技术创新投入都会出现明显的下降趋势（Julio and Yook，2012；曹春方，2013；徐业坤等，2013）。

2.2　微观风险对技术创新的影响

2.2.1　基于技术风险的角度

通常来说，微观风险对于企业的影响更为直接，许多企业都会针对自身的技术实力、行业特性、组织治理结构、上下游的供应链关系，建立与之匹配的风险管理措施和内部控制流程。一些学者将技术层面的因素视为技术创新的核心环节，进而从技术风险的角度切入，研究其对技术创新的影响。Mansfield（1963）从研发过程的角度分析了技术创新的影响因素，他认为技术层面的因素作为技术创新过程的源头使得大量的企业止步于此，所以，研发水平是进行技术创新的关键，如果企业没有相对应的研发水平，往后的技术创新都是"纸上谈兵"，不具有可操作性，建立高水平的研发人才队伍是确保技术创新成功的关键，也是降低创新风险的直接、有效的手段。技术创新的行业竞争异常激烈，相关领域的企业都愿意承担较高的技术风险以求得未来在某些领域超越其他竞争对手的领先优势，甚至不惜以"赌博"的方式进行，一系列的案例也表明，一些行业领导者"走下神坛"的主要原因便是技术竞争的落败，他们在取得领先优势之后不再愿意承担过高的技术风险，而是希望通过其他方式占领市场（Macnaghten，2016；Parker and van Alstyne，2018），或者依然具有冒险精神且承担了较高的技术风险，但是没有选对技术创新的方向，以至于在新的技术革命之后逐渐趋于黯淡，柯达、索尼、雅虎、IBM 等均是典型案例。因此，技术风险是影响企业技术创新的关键因素。

2.2.2　基于财务风险的角度

以上研究主要从纯粹的技术风险视角看待企业的技术创新，然而技术创新在某种程度上更多反映了企业在财务相关领域的资金管理水平。Zahra（1996）认为，企业的技术创新需要长期的规划，并在考虑其他企业的研发方向之后制定相关的创新战略，对于这一战略需要长期坚持并不断进行细节层面的调整以适应不断变化的竞争形势，因此，确保财务状况稳健是非常重要的，避免相关的财务风险是技术创新获得成功的关键。以上观点与 Rosenberg（2002）、Green（2004）的研究结论一致，技术创新过程中的风险各异，但是财务风险始终贯穿其中，这也是一些企业试图从不同金融机构处取得贷款的主要原因，这些企业通过在一定程度上分散财务风险减弱其对技术创新的影响。Baker 等（2002）、Levin（2003）从另一个角度说明了技术创新过程中财务风险的重要影响以及管理、降低财务风险的方法，即企业之间的合作创新，不同企业之间的财务风险有大有小，且一般来说不会在同一时点同时发生，这就保证了技术投入的资金较之单一企业独自研发更加稳定，使得研发项目的存活率不会完全受制于一家企业，其副作用是会降低技术创新的激励水平，因为研发成果一般不具有排他性，所以各方都不愿意将最为关键的技术创新以合作形式进行。Fulghieri 和 Sevilir（2009）、Acharya 和 Xu（2017）进一步分析了财务风险或融资约束的不确定性对企业技术创新的影响，他们认为当行业处于成熟阶段且大企业占据主导地位时，这些企业与金融机构通常能够保持较好的联系，与之相关的技术创新的融资限制较少，财务风险较低，相反，当企业处于发展期或行业尚处于成长阶段时，由于企业的规模限制以及未来发展的不确定性，金融机构对企业的资金支持会谨慎许多，想要去金融市场等直接融资场所获得资金支持会更加困难。对应的结论是，考虑到企业规模与财务风险以及融资便利之间的关系，小企业或所属行业尚处于成长阶段的企业会面临更加严峻的财务风险或融资约束，在一定程度上减缓了技术创新的进度。与之相对应的解决办法就是争取在新兴行业的发展阶段更早地进入，以期能够快速在本行业占据主导位置并推动该行业提早进入成熟阶段。Gans 等（2002）的研究结果支持了以上观点，基于生物技术和硬盘驱动器行业的研究视角，他们发现在行业诞生早期进入的企业所面临的竞争压力明显低于那些在后期进入的企业，且在后期进入的企业由于受制于规模效应、融资约束、财务风险等，其技术创新的成功率也较低，其中财务风险对技术创新的影响最为明显，而导致财务风险快速升高的原因是后进入的企业面临规模效应劣势。还有学者基于企业资本结构的视角分析财务风险与技术创新之间的关系。Bhagat 和 Welch（1995）的研究表明，企业的负债比例越高则 R&D 投资越少，导致技术创新的能力也越低，其可能的原因是企业的负债限制了企业用于研发投入的激励，与权益融资不同，债务融资的定期偿还性需要企业保持稳定的现金流，而技术创新的特点恰恰是前期需要大量投入以及未来一定期限内、一定概率下无法收回成本，由于债务杠杆越高则企业承担的信用风险越大，因此，信用风险越大的企业创新能力越低。Billings 和 Fried（1999）的研究结果与以上结论相似，他们对技术创新水平与企业的资本结构进行回归发现，债务占比越高的企业，其技术创新水平越低，鉴于债务融资越高、破产成本或财务困境成本越高，本书进一步的研究认为债务占比过高对技术创新的负面影响主要体现为破产风险或财务困境风险。唐清泉和徐欣（2010）从侧面印证了财务困境风险与技术创新之间的负向关系：企业的内部资金越多则 R&D 投资越多，其技术创新的潜力也越大。内部融资越多的企业，其杠杆率越低，破产风险或财务风险也越低，这与之前的研究结论一致。然而，Chiao（2002）发现，破产风险和财务困境风险对技术创新的消极影响并不适用于所有行业的企业：在高科技行业中，企业的负债增加所导致的破产风险和财务困境风险的升高会降低技术创新的水平；而在非高科技或传统行业中，以上关系并不显著，这是因为不同行业中的企业所涉及的风险组合和技术创新的方式有着明显不同，因此，需要一种风险测量方法将企业面临的总体风险进行细致分类，全面研究不同风险与技术创新之间的关系。以上结论与本书的研究目标相一致，不同的是，本书将从更为深入的资产定价模型的风险测算角度研究两者之间的关系，从而确保风险源具有趋于两两正交的性质。

2.2.3　基于组织架构风险的角度

组织架构是企业运转的核心，建立高效的组织架构可以使得企业拥有超越同行的运营效率，然而组织架构的设立和运转常常也伴随着一系列的风险。Teece（1986）认为，技术创新的本质是"旧发明"的"新整合"，商业化是其中最为关键的因素，而商业化与企业的组织架构存在紧密的联系，企业需要为技术创新投入资本，更需要为技术创新改变原有的组织架构，前者涉及资金的投入，后者涉及人力资本的投入，缺一不可，且对人力资本的投入还需要根据不同的环境做出调整，以适应不同的地域和年代。相对来说，金融资源的投入应更具"科学性"，企业能够通过一系列手段对其进行定时、定量的调整，对于企业技术创新所涉及的金融风险，尤其是与内部财务等相关的风险，企业可以通过建立相应的防控机制进行管理，这是针对组织架构风险无法采用的管理方式，因为这一风险具有更多的"艺术性"成分，其对企业技术创新的影响非常大且更加难以应对。Nelson（1993）进一步指出，不同企业之间的资源流动越来越频繁，尤其是人才的流动，与企业技术创新的持久性相结合，单一企业的特殊技术水平差异并不是决定性的因素，尤其是考虑到科技的发展速度越来越快，许多新兴技术刚刚诞生不久，不同企业都不存在相对于其他竞争对手的大幅度领先优势，因此，能够确保技术创新不断推进的主要原因就是企业组织保持高水平的运行效率，所以，企业组织的运行效率下滑风险是技术创新面临的最大的风险，这一结果与 Arena 等（2017）的研究结论一致。其实，组织架构是对企业内部的人力资源网络的称呼，与之相应的是外部的人力资源网络，即人脉关系。Ferrary（2010）基于未上市企业的技术创新研究发现，风险投资公司对于企业技术创新的投入主要依赖于和企业家的人脉关系，因为技术创新具有很大的不确定性，与之相关的资金投入具有高度的信息不对称特点，这使得风险投资公司需要与企业家建立长期稳定的合作关系以分享技术创新的红利，人脉关系是维持长期稳定合作关系的有效保障，因此，企业家能够与资金提供方保持良好的关系是保证企业技术创新的关键。可以发现，尤其是在风险投资、私募股权投资非常活跃的一级市场上，那些知名的企业家通常具有较高的情商和保持、处理人脉关系的能力，这是降低技术创新的人脉风险的有效手段，也从侧面反映了人脉风险对于技术创新的重要影响。

2.2.4 基于企业整体运营流程的角度

事实上，影响企业技术创新的微观风险繁多，不是技术风险、财务风险、组织架构风险或政策风险等可以简单概括的，相比较而言，将企业的运营流程进行分解，从更为"全局性"的视角寻找影响技术创新的不同风险是一个更为高效的方式。Freeman 等（1982）、Otway 和 von Winterfeldt（1982）认为，对技术创新的研究不同于纯粹的理论研究，应该从经济角度加以衡量，而最好的衡量标准就是市场占有率和商业化应用水平，不被市场接受的技术创新只能是"白费功夫"。Belev（1989）采用系统性的分类方法，将技术创新可能面临的风险分为六个类型：技术风险、资金风险、设计风险、组织架构风险、上下游供应链风险、外部环境风险。其中，只有技术风险和技术创新具有直接关系，而其他五种风险与技术创新都只具有间接关系，但是对于技术创新的成败起着非常重要的作用，他通过进一步的抽样调查发现，由后面五种风险导致的企业技术创新失败数量是单一技术风险造成的失败数量的三倍以上，因此，难的不是在实验室中产生想法，而是如何将这个想法在商业化的环境中落地。Chandler 和 Hanks（1994）的研究表明，企业的技术创新需要与最终产品相结合，其中的关键因素是为这一产品的研发所调动的战略资源，这涉及企业组织各个方面的协调能力和资源整合能力，任一部分、环节出现失误都会导致技术创新的失败，因此，技术创新从本质上来说更是一种管理层面的优化组合，只有建立完善、高效的组织结构才能进行高水平的技术创新，这一结论与 Storey 和 Easingwood（1993）的研究结果相一致，即若将企业组织的各个部门拆开来看，则会发现仅仅在某一方面或某一环节达到高技术水平并不困难，但是技术创新的难点恰恰在于需要将企业各个部门的高技术研究融为一体并赋予产品，此外，企业还需要辅之以高水平的销售能力和市场洞察能力，大多数的企业之所以面临技术创新窘境皆由于以上方面的原因，尤其是传统行业中的大型企业。Hall（2002）的研究表明，R&D 投资与技术创新成果具有正向关系，R&D 投资与企业的现金流量也具有正相关关系，因此，决定技术创新的关键因素是保持稳定、增长的现金流，考虑到现金流的波动很大程度上取决于企业与供应商之间的关系、企业与顾客之间的关系以及企业与大学、政府之间的关系，所以供应链风险、政策风险以及商业风险是影响技术创新的主要因素，Massa 和 Tucci（2013）、Tsinopoulos 等（2018）采用类似方法得到了基本相同的结论。Aboody 和 Lev（2000）指出，R&D 投资数额相同且类型相同的两家企业，组织形式的不同和商业模式的区别会使得两者的技术创新成果大相径庭，这是因为项目的研发必须与企业的生产经营相联系，企业的生产流程乃至后续的市场营销的复杂性，导致了研发投入效率的巨大差别以及技术创新所面临风险的种类的差异，所以，与不同的组织形式和商业模式相结合，企业在技术创新的过程中所面临的风险也会不同，一些企业在上下游供应链环节的风险暴露更大，而另一些企业可能在资金、技术等环节的风险暴露更大。上述研究结果表明，对于企业技术创新的风险，不能过多关注于某一点，而是应该立足于企业自身的经营环境，结合技术创新的各个流程进行通盘考虑、全面分析。

2.2.5　基于企业发展、演化的角度

一些学者另辟蹊径，从发展、演化的角度分析了企业不同时期面临的不同风险，以及这些风险对技术创新的影响。Utterback（1994）、Klepper（1996）指出，技术创新在某种程度上遵循着一定的发展规律：在产业发展的早期，新兴的技术概念刚刚被提出，相应的知识日新月异，未来可以选择的创新方向有很多，究竟哪些方向会成为主流并没有确定答案，这就使得技术创新的不确定性较高，且企业的进入门槛较低，但凡是进入该领域的企业都是未来可能的领导者，也是推动相关产业发展的重要力量；随着产业逐渐进入成熟期，一些企业凭借资金优势或研发优势已经具备明显的技术优势，这时候产业的未来方向逐渐确定，其他探索

研发方向的企业由于规模效应不足、资金劣势等原因逐步退出主要市场，行业格局逐渐明了且进入门槛快速提升，这时候的技术创新通常都会有严格的技术标准和研发路径，对于资金量的要求也越来越大，企业的规模经济、消费者的学习曲线、其他企业的进入障碍以及财务资源的竞争力扮演着越来越重要的角色，这导致行业垄断势力出现，处于领导地位的企业在未来可见的若干年内将始终处于技术创新的前沿，影响技术创新的风险也会逐渐多元化，不再是仅有行业初期的技术层面风险，而是逐渐向管理、财务、供应链、政策等方向延伸。以上研究表明，技术创新的相关风险以及影响技术创新的主要风险都会随着行业周期的更迭不断变化，因此对于技术创新风险的分析若是离开所对应的行业周期、行业成熟度，所得结果必然不可靠。虽然一些企业随着行业逐渐进入成熟期确立了领导地位，风险的多元化和复杂化使得其所在领域的技术创新门槛逐渐提高，从而排挤了其他试图在这一领域进行开拓的企业，但是也有一些情况会导致成熟行业的领导者在与后来者的创新竞争中失败，出现"创新者的窘迫"现象。Christensen 和 Rosenbloom（1995）的研究结果显示，在经济发展的一些时段，一系列重大发明、知识的产生，使得技术创新可以"抛离"原有路径转而"弯道超车"：原有处于行业领导地位的企业通常已经将大量的精力用于应对人事、营销、商业竞争等非技术层面的种种风险，技术创新的路径依赖使得这些企业在常规创新路径上具有较其他企业更低的技术风险，这也是其竞争优势的体现，因此，它们往往不太愿意将较多精力用于颠覆性的创新；而新兴的企业不必沿着原有路径进行技术创新，可以通过更具突破性的技术变革避免原有路径上的各类风险，并将风险再一次集中于技术本身，这对于新兴企业的技术创新无疑是非常有利的，一旦企业的新技术与市场的新需求相结合，并辅之以更高流动性的组织形式，则之前具有垄断势力的老企业就会被新企业取代，相关的行业也会迎来一次跳跃性的发展。以上研究结果与 Kamien 和 Schwartz（1978）、Balland 等（2015）的研究结果类似，即技术创新之间事实上也存在着区别，一些创新具有探索性和激进性，而另一些创新则是循序渐进的微创新，考虑到探索性的创新较之渐进性的创新价值更大，因此对技术创新应该从数量、质量两个角度展开研究。这一结论与本书的研究思路相似，即只有从多个角度加以分析才能对技术创新有全面了解。Benner 和 Tushman（2003）、He 和 Wong（2004）、Jansen 等（2006）针对不同创新之间的区别以及对应的风险做了深入探索，他们认为激进、开创式的创新通常更具基础性，而循序渐进的微创新一般都是对产品的应用层面和用户体验层面的进一步优化，因此，前者所面临的不确定性或风险较后者大得多。但是以上研究并没有针对不同种类的技术创新分析其对应的风险，并深入研究不同层面风险与不同种类创新之间的关系。

2.3　风险传染对技术创新的影响

大部分学者将大量精力聚焦于某个单一风险对技术创新的影响，力图通过挖掘影响企业技术创新的各个方面的风险，进而刻画技术创新与风险之间关系的全貌，很少有学者基于风险传染的视角研究风险与企业技术创新之间的关系，一个很重要的原因是风险传染难以量化，换句话说，难以将其从不同风险源中单独剥离出来作为新的风险源。但是，技术创新的风险通常又有着明显的"传染"性质：产生于宏观层面的风险原本对一些企业的技术创新没有直接影响，但是伴随着经济变量的传导机制，经过复杂的中介作用，间接影响了企业的技术创新；源自微观层面的风险由于大量聚集，加之风险重要性企业或金融机构的风险放大作用，形成了可以对整个社会、宏观经济产生影响的系统性风险，从而通过这一形式影响企业的技术创新。Watts 和 Strogatz（1998）、Barabási 和 Albert（1999）基于网络理论的视角指出，风险传染的速度和强度依赖于风险源所处的网络结构的节点数量和链接密度，Allen 和 Gale（2000）的进一步的研究表明，网络结构的节点数量越少、链接密度越高，其内部的风险传染速度越快、强度越大。May 等（2008）、Garas 等（2010）从又一不同角度研究了风险传染，他们发现流行病的传染方式可以较好地描述风险传染，并可以基于传染病的易感态-感染态-恢复态模型（susceptible-infected-recovered model，SIR）加以刻画：初始状态时，将单一节点设置为已感染状态，将其余节点设为未感染状态，接下来的每一步，处于已感染状态的节点都会以一定的概率将相邻节点变为已感染状态，自己则变为免疫状态，流行病的传染机制依照这一逻辑持续进行。当然，刻画风险传染的模型或方法有很多，如结构向量自回归模型（structural vector autoregression model，SVAR）、动态条件相关多变量广义自回归条件异方差模型（dynamic conditional correlation multivariate generalized autoregressive conditional heteroskedasticity model，DCC-MVGARCH）、Copula 函数族、矩阵法等，但是，无论采用何种模型对风险传染的形式、机制加以刻画，对风险传染的防范和预警都建立在认知、理解相关的风险源和对应的传播途径之上。事实上，与宏观风险的难以预知相比，风险传染对于企业来说同样如此，建立相关的风险防范机制难度很高，所以，即便是拥有成熟市场、完善监管制度的欧美等发达国家，"黑天鹅"事件依然频出。

2.3.1　基于技术风险、不对称信息与宏观风险相互作用的角度

一些学者从技术风险、不对称信息与宏观风险相互作用的角度入手，研究了风险传染的形成原因、传播途径以及对企业技术创新的影响。Bhattacharya 和 Ritter（1983）指出，企业的技术研发通常具有信息不对称程度较高的性质，即考虑到一

些技术创新容易被竞争对手模仿而选择降低相关信息的披露程度，以减少竞争对手的"搭便车"行为，但是，因为没有其他竞争对手的跟随创新，独自研发会面临较大的技术风险，同时，由于私有信息含量降低，企业的市场价格更多反映股票市场的系统性风险，因此非常容易遭受宏观经济风险的影响。一些案例表明，在较为重要的技术创新面前，企业宁愿选择减少对相关信息的披露，以求得技术创新成果的独占性。以上研究结果类似于 Akerlof（1970）的"柠檬市场"理论，一个个由信息不对称导致的个体逆向选择问题会使得整个市场的运行规则发生根本性的变化，当个体对于自身风险所做出的决策在更大范围内具有一致性时，就会导致微观风险向宏观风险演变，即风险传染放大了风险的影响力和破坏力。Myers 和 Majluf（1984）的研究表明，为了减弱信息不对称所导致的风险（潜在的控制权和代理权之争等），企业的融资偏好一般会形成如下顺序：首先选择内部融资，其次选择债务融资，最后选择权益融资。排除第一种选择，相对于权益价格来说，债务价格受宏观经济周期和本国、他国的货币政策、财政政策的影响更为明显，甚至由于 R&D 项目的信息不透明，企业需要付出更高的债务融资成本（Bester，1985；Shi，2003），这使得企业为了规避信息不对称导致的微观风险，而承担了更多的宏观经济风险，考虑到技术创新与企业现金流之间的显著联系，企业的行为事实上将技术创新的微观风险转为了宏观风险，此即个体行为所引发的风险传染效应（Dockner and Siyahhan，2015）。

2.3.2　基于不同企业之间的商业竞争和行业影响的角度

也有学者从不同企业之间的商业竞争和行业影响的角度探究风险传染与技术创新之间的关系以及作用机制。Blundell 等（1999）基于企业市场势力的角度分析了风险传染与技术创新的关系，同一行业的不同企业或横跨多个行业的竞争对手之间采取的商业竞争行为（包含技术研发竞争、商业模式竞争和市场营销竞争等）非常容易将企业自身的技术风险、财务风险和上下游供应链风险等转移至其所在的单一行业甚至多个行业，并对以上行业中的其他企业造成影响，从而进一步扩大风险的作用范围，导致风险跨行业、跨地域蔓延，因此，其对相关领域企业的技术创新都会造成影响。Caggese（2012）、Prajogo（2016）的研究表明，不单单是企业之间的市场势力角逐容易引发大范围的风险传染，即便是常规的经营风险也会通过具有较大资产规模和行业影响力的企业传递至其他企业，并对企业运营的各个环节产生影响，也包括研发投入。以上两篇文献的结论说明，影响企业技术创新的各类风险虽然最终作用于企业本身，但是风险并非来源于企业自身，而是由风险传染的形式带来的，这就使得对此类风险的防控、预警与通常意义上的微观企业自身的风险管理方式不同，企业不仅需要了解自身的薄弱环节，更需要理解风险的传染机制以及风险的源头在哪里。

事实上，关于企业技术创新的文献有很多，但是将其与风险传染相联系的文献少之又少，一个重要的原因是企业创新的研究话题作为一个微观话题通常与微观经济学、管理学等学科相关，主要研究方法也是将某个单一风险与技术创新相联系，而风险传染更多与宏观经济学或金融风险管理等学科相关，其研究视角一般遵从系统性风险的理论框架。此外，考虑到风险传染难以量化，即难以将其从不同风险源中单独剥离出来作为新的风险源，所以，很少有文献基于风险传染的视角研究其与企业技术创新之间的关系，这也是本书力求解决的主要问题之一。

2.4 文 献 评 述

总体而言，关于不同层面的风险与企业技术创新之间的关系，已有文献存在如下几个方面的局限。第一，对于影响技术创新的不同风险（无论是宏观层面的风险还是微观层面的风险）没能从全局性、连带性的系统性风险视角出发，仅仅关注企业经营活动中某一环节的风险（技术风险、财务风险、政策风险、商业风险等）或资本市场上某一类型的风险（波动率风险、流动性风险等）对技术创新的影响。应该基于系统性风险的视角研究其与企业技术创新之间的关系。虽然有一些文献将企业生产流程、运营环节、商业竞争中的不同风险加以综合进行全面分析，但是并没基于系统性风险的视角对技术创新进行更深层次的研究。事实上，之前文献提到的"黑天鹅"现象便是系统性风险的影响结果：整个系统受到的冲击致使单一个体无法幸免，或者单一个体之间的交叉连带关系导致风险可以迅速蔓延至整个系统。鉴于这一问题的重要性，以往的研究结果与真实结果可能存在一定的差别，这是本书力求解决的问题之一以及相对于已有研究的边际贡献。第二，仅有的几篇关于风险传染与企业技术创新的文献没能将风险传染与其他风险（如宏观层面的不同风险、微观层面的不同风险等）之间的比例关系刻画出来，即没能将风险传染作为一个单独的风险源从不同风险源中剥离出来，以便进行精确测度。本书对此的解决方法是：利用摒弃了共同风险因子的资产定价模型，基于 Cosemans 等（2016）采用的动态混合 β 测度下的资产定价方法对市场风险 β 进行二次分层，将其归因于三类系统性风险，即宏观经济风险、微观企业风险、交叉传染风险。第三，以上文献对于技术创新的研究仅仅基于数量和质量的某一方面，尤其是国内文献针对技术创新质量的研究受限于中国的特殊情景，所得的研究结果可能存在一定的偏差，本书采用 Akcigit 等（2016）、Aghion 等（2019）、张杰和郑文平（2018）运用的"专利宽度法"分析技术创新与不同种类系统性风险的关系，这是对以上问题的较好解决办法。

2.5 小　　结

本章主要从三个方面梳理与本书后续研究相关的已有文献，即宏观风险对技术创新的影响、微观风险对技术创新的影响以及风险传染对技术创新的影响，这是为了和本书第 5 章～第 10 章实证研究的内容相呼应，即探究通过动态混合 β 测度方法将市场风险 β 分解后形成的三类系统性风险（宏观经济风险、微观企业风险、交叉传染风险）对技术创新的数量和质量分别会产生何种影响。本章关于宏观风险对技术创新的影响基于以下四个角度进行梳理：①商业周期和融资约束关联的角度；②宏观税负、制度环境和金融稳定的角度；③金融结构的角度；④营商环境和政策风险的角度。关于微观风险对技术创新的影响基于以下五个角度进行梳理：①技术风险的角度；②财务风险的角度；③组织架构风险的角度；④企业整体运营流程的角度；⑤企业发展、演化的角度。由于研究风险传染与技术创新之间关系的文献较少，本书基于以下两个角度进行梳理：①技术风险、不对称信息与宏观风险相互作用的角度；②不同企业之间的商业竞争和行业影响的角度。通过梳理和归纳已有文献对于不同层面的风险与企业技术创新之间关系的研究，我们发现了其中的一些不足之处和可以改进的地方：首先，对于影响技术创新的不同风险，没能从全局性、连带性的系统性风险视角出发进行分析；其次，关于风险传染与企业技术创新的关系，没能将风险传染与其他风险之间的比例关系刻画出来，即没能将风险传染作为一个单独的风险源从不同风险源中剥离出来，以便进行精确测度；最后，对于技术创新的研究仅仅基于数量和质量的某一方面，且国内文献针对技术创新质量的研究受限于中国专利数据库，该数据库没能提供专利引用次数的完整信息，导致研究结果存在一定的偏差。在后续的研究中，本书会针对以上问题进行补充和改进，力求取得相对于已有研究的边际贡献。

第 3 章 系统性风险与技术创新的理论分析

本章的主要作用在于承接第 1 章的研究目的和思路,结合第 2 章的文献综述,为第 5 章~第 10 章的实证分析提供必要的理论基础和方法。本章的内容安排如下:首先,指出传统资产定价模型在风险测度方面存在的一些不足,结合现实状况说明相关的缺陷;其次,介绍动态混合 β 测度方法相对原有资产定价模型的改进思路和方法,阐述动态混合 β 测度方法在风险测度方面的特点;最后,探讨技术创新的来源和种类,引出本书针对技术创新的刻画方式——数量和质量,阐述与之对应的传统度量方法及缺点和不适用于中国市场的原因,并说明采用的度量方法。

3.1 传统资产定价模型的风险测度及现实缺陷

系统性风险也称为不可分散风险,此类风险具有全局性和连带性,即便构造多样化的投资组合依然无法消除,因此,单一股票只有承担更高的系统性风险才能获得更高的超额收益率。如何准确地刻画系统性风险是资产定价以及宏观经济学领域的重要话题,然而采用传统资产定价模型测度的风险水平与现实世界存在明显的偏离,针对 CAPM 的检验表明,证券市场线的斜率过小而截距过大,即市场风险的价格过低而异常收益率过高(Miller and Scholes,1972;Roll,1977)。有学者(Jagannathan and Wang,1996;Petkova and Zhang,2005;Andersen et al.,2005;Zhang,2005)认为,通过单一股票超额收益率对市场超额收益率回归得出的 β 系数不能完全反映单一股票所承担的系统性风险,遗漏的风险因子使得 α 在长期内显著为正。也有学者(la Porta et al.,1997;Chan et al.,2003)从行为金融学的角度指出,投资者情绪是股票收益率的重要影响因素,这在相当程度上降低了 β 因子的解释能力。

为了准确地测度单一股票的系统性风险,现有研究分别从截面、时间两个维度对 CAPM 进行扩展。一种方法是在截面维度加入更多的风险因子以弥补模型解释力不足的缺陷,如三因子(Fama and French,1992,1993)、四因子(Jegadeesh and Titman,1993;Carhart,1997)以及五因子(Fama and French,2015)等。可是,学界对于多因子模型存在很大争议:对于规模因子(small minus big,SMB)、价值因子(high minus low,HML)、盈利能力因子(robust minus weak,RMW)和投资风格因子(conservative minus aggressive,CMA)能否表示风险因素尚无定论；至于动量（momentum，MOM）因子则更多反映了投资者固有的行为偏差在资本市场上所呈现的系统性结果，很难与风险因素相联系（汪昌云和汪勇祥，2007）[①]。因此，仅在截面维度进行扩展并不具有很强的说服力。另一种方法是在时间维度对 CAPM 进行动态化处理，这也是当前资产定价领域的研究热点。Ang 和 Kristensen（2012）、丁志国等（2012）的研究表明，异常收益率 α、系统性风险 β 均具有显著的时变性，且将时变因素纳入模型之后，解释力大大提升。但是，仅在时间维度进行扩展使得模型的风险来源过于单一，对于现实世界的真实风险无法进行精确刻画，无法回答作为系统性风险唯一来源的市场风险究竟源自何处、传导机制是怎样的、如何进行防范。

3.2　动态混合 β 测度：系统性风险的分层与交叉传染

能否在截面、时间两个维度进行扩展从而兼顾系统性风险的多样性和时变性？该方向最初的探索源于 Cosemans 等（2016）提出的动态混合 β 测度方法，其模型的动态化以贝叶斯估计为基础，对市场风险 β 进行二次分层并将其归因于不同种类、更加细分的系统性风险。与 Daniel 和 Titman（1997）的观念类似，动态混合 β 测度方法也摒弃了共同风险因子的概念，即系统性风险的不可分散性并不是 CAPM 所描述的来源于整体市场的波动，也不是多因子模型所描述的来源于类型相同的风险因子，而是既来源于宏观经济类的整体变量，也来源于微观企业类的个体变量，甚至来源于两者之间的交互变量，以上三类基本面变量的线性组合通过市场风险的形式表现出来。邓可斌等（2018）指出，宏观经济政策是系统性风险的重要影响因素，宽松的货币政策和财政政策会对系统性风险产生显著的抑制作用，他们构造的动态混合 β 测度下的定价模型进一步融入了宏观经济政策因素。

基于以上原因，借鉴 Cosemans 等（2016）、邓可斌等（2018）的研究思路，本节尝试对市场风险 β 进行二次分层，将其归因于三类系统性风险，即宏观经济风险、微观企业风险以及交叉传染风险，力求从整体上对股票背后的企业所承担的系统性风险进行归根溯源。

---

① 一般认为，动量效应源于投资者的反应不足，反转效应源于投资者的反应过度。美国、英国等发达国家的股票市场存在显著的中期动量效应（Rouwenhorst，1998；Fama and French，2012；Asness et al.，2013），印度尼西亚、巴西、越南等发展中国家的股票市场不仅不存在动量效应，反而存在显著的反转效应（Chui et al.，2010）。可能的原因是：发达国家的法律体系更加完善，市场机制更为健全，机构投资者的比例也更高，企业的长期价值是投资者的首要关注点，优秀公司的股票可以持续保持优秀；部分发展中国家的法律体系尚不完善，个人投资者的比例更高，热衷炒作，容易盲目跟风、追涨杀跌，优质公司的股票并不受市场待见，股票市场通常表现为周期性的大起大落。

首先，设定贝叶斯估计的先验模型：

$$r_{i,t} - r_{f,t} = \alpha_i^* + \beta_{i,t|t-1}^* \left(r_{m,t} - r_{f,t} \right) + \varepsilon_{i,t} \tag{3.1}$$

其中，$r_{i,t}$ 表示月度 t 时股票 i 的收益率；$r_{m,t}$ 表示月度 t 时市场的收益率，选取经流通市值加权的考虑现金红利再投资的综合市场收益率；$r_{f,t}$ 表示月度 t 时的无风险收益率，以一年期的定期存款利率除以 12 表示。加"*"的变量表示其对应的先验估计值：α_i^* 表示股票 i 的异常收益率的先验估计值；$\beta_{i,t|t-1}^*$ 表示基于月度 $t-1$ 时的全部信息得到的月度 t 时股票 i 的市场风险的先验估计值。

将市场风险的先验估计值 $\beta_{i,t|t-1}^*$ 进一步表示为不同种类、更加细分的系统性风险的线性组合：

$$
\begin{aligned}
\beta_{i,t|t-1}^* = {}& \eta_{0i} + \gamma_{1i} X_{t-1}^{\text{M2}} + \gamma_{2i} X_{t-1}^{\text{fixedinv}} + \gamma_{3i} X_{t-1}^{\text{cycle}} \\
& + \delta_1 Z_{i,t-1}^{\text{size}} + \delta_2 Z_{i,t-1}^{\text{BM}} + \delta_3 Z_{i,t-1}^{\text{ope\_lev}} + \delta_4 Z_{i,t-1}^{\text{fin\_lev}} \\
& + \omega_1 X_{t-1}^{\text{M2}} Z_{i,t-1}^{\text{size}} + \omega_2 X_{t-1}^{\text{M2}} Z_{i,t-1}^{\text{BM}} + \omega_3 X_{t-1}^{\text{M2}} Z_{i,t-1}^{\text{ope\_lev}} + \omega_4 X_{t-1}^{\text{M2}} Z_{i,t-1}^{\text{fin\_lev}} \\
& + \xi_1 X_{t-1}^{\text{fixedinv}} Z_{i,t-1}^{\text{size}} + \xi_2 X_{t-1}^{\text{fixedinv}} Z_{i,t-1}^{\text{BM}} + \xi_3 X_{t-1}^{\text{fixedinv}} Z_{i,t-1}^{\text{ope\_lev}} + \xi_4 X_{t-1}^{\text{fixedinv}} Z_{i,t-1}^{\text{fin\_lev}} \\
& + \psi_1 X_{t-1}^{\text{cycle}} Z_{i,t-1}^{\text{size}} + \psi_2 X_{t-1}^{\text{cycle}} Z_{i,t-1}^{\text{BM}} + \psi_3 X_{t-1}^{\text{cycle}} Z_{i,t-1}^{\text{ope\_lev}} + \psi_4 X_{t-1}^{\text{cycle}} Z_{i,t-1}^{\text{fin\_lev}}
\end{aligned}
\tag{3.2}
$$

其中，X_{t-1}^{M2} 表示月度 $t-1$ 时广义货币供应量的同比增长率；$X_{t-1}^{\text{fixedinv}}$ 表示月度 $t-1$ 时政府固定资产投资占全社会固定资产投资比重的同比增长率；X_{t-1}^{cycle} 表示月度 $t-1$ 时经流通市值加权的全部企业的平均资产负债率。以上三个宏观经济因子分别刻画了货币政策、财政政策以及经济周期对系统性风险的影响[①]。$Z_{i,t-1}^{\text{size}}$ 表示月度 $t-1$ 时企业 i 的规模，数据选取企业总资产的自然对数；$Z_{i,t-1}^{\text{BM}}$ 表示月度 $t-1$ 时企业 i 的账面市值比；$Z_{i,t-1}^{\text{ope\_lev}}$ 表示月度 $t-1$ 时企业 i 的经营杠杆[②]；$Z_{i,t-1}^{\text{fin\_lev}}$ 表示月度 $t-1$ 时企业 i 的财务杠杆[③]。以上四个微观企业因子分别刻画了企业规模、企业

---

① Cosemans 等（2016）选取违约利差作为经济周期的代理变量，考虑到中国的经济、金融数据库中没有相关数据，借鉴邓可斌等（2018）的方法，本书选取企业的资产负债率作为经济周期的代理变量，基本逻辑是：国内企业对于债务融资特别是银行贷款的依赖性很高，在经济上行阶段，银行的贷款指标充足，企业的资产负债率较高，在经济下行阶段，银行的贷款指标匮乏，企业的资产负债率较低。与上述学者不同的是，我们没有将刻画经济周期的整体变量转变为个体变量，而是针对全部企业计算了经流通市值加权的平均资产负债率，因此保留了宏观经济因子的性质。

② 经营杠杆的大小一般用经营杠杆系数表示，是指息税前利润变动率与产销业务量变动率的商。

③ 财务杠杆的大小一般用财务杠杆系数表示，是指普通股每股收益变动率与息税前利润变动率的商。

价值、经营状况、财务状况四类重要的企业特征对系统性风险的影响[1]。值得注意的是，式（3.2）中包含了每个宏观经济因子分别与四个微观企业因子的交互项，以此刻画宏微观之间的"交叉传染"对系统性风险的影响。

最终的回归方程如下：

$$R_{i,t} = \alpha_i^* + \left(\eta_{0i} + \gamma_i X_{t-1} + \delta Z_{i,t-1} + \omega X_{t-1}^{\text{M2}} Z_{i,t-1} + \xi X_{t-1}^{\text{fixedinv}} Z_{i,t-1} + \psi X_{t-1}^{\text{cycle}} Z_{i,t-1} \right) R_{m,t} + \varepsilon_{i,t}$$

$$(3.3)$$

其中，$R_{i,t}$、$R_{m,t}$ 分别表示月度 t 时股票 i 的超额收益率、月度 t 时市场的超额收益率；X_{t-1}、$Z_{i,t-1}$ 分别表示宏观经济因子序列、微观企业因子序列；γ_i、δ、ω、ξ、ψ 分别表示对应的系数。

其次，利用标准的马尔可夫链，通过 1250 次重复的贝叶斯估计（去除前 250 次的结果），得到系数 γ_i、δ、ω、ξ、ψ 的估计结果序列：$\left\{ \hat{\gamma}_i^{(k)} \right\}$、$\left\{ \hat{\delta}^{(k)} \right\}$、$\left\{ \hat{\omega}^{(k)} \right\}$、$\left\{ \hat{\xi}^{(k)} \right\}$、$\left\{ \hat{\psi}^{(k)} \right\}$，$(k)$ 表示对应系数第 k 次的估计结果。计算月度 t 时股票 i 的市场风险的估计结果 $\hat{\beta}_{i,t|t-1}^{(k)}$，根据风险来源的不同，将其拆分为三个种类的系统性风险的估计结果[2]：

$$\hat{\beta}_{i,t|t-1}^{\text{macro},(k)} = \hat{\gamma}_i^{(k)} X_{t-1} \tag{3.4}$$

$$\hat{\beta}_{i,t|t-1}^{\text{micro},(k)} = \hat{\eta}_{0i}^{(k)} + \hat{\delta}^{(k)} Z_{i,t-1} \tag{3.5}$$

$$\hat{\beta}_{i,t|t-1}^{\text{contagion},(k)} = \hat{\omega}^{(k)} X_{t-1}^{\text{M2}} Z_{i,t-1} + \hat{\xi}^{(k)} X_{t-1}^{\text{fixedinv}} Z_{i,t-1} + \hat{\psi}^{(k)} X_{t-1}^{\text{cycle}} Z_{i,t-1} \tag{3.6}$$

其中，$\hat{\beta}_{i,t|t-1}^{\text{macro},(k)}$ 表示月度 t 时股票 i 的宏观经济风险；$\hat{\beta}_{i,t|t-1}^{\text{micro},(k)}$ 表示月度 t 时股票 i 的微观企业风险；$\hat{\beta}_{i,t|t-1}^{\text{contagion},(k)}$ 表示月度 t 时股票 i 的交叉传染风险。

再次，计算宏观经济风险、微观企业风险以及交叉传染风险的先验估计值及其标准误：

$$\hat{\beta}_{i,t|t-1}^{\text{macro}*} = \frac{1}{K} \sum_{k=1}^{K} \hat{\beta}_{i,t|t-1}^{\text{macro},(k)} \tag{3.7a}$$

---

[1] Cosemans 等（2016）所采用的微观企业因子中还包含了动量因子，鉴于以下两个原因，本书删去这一因子：首先，动量效应主要存在于发达国家的股票市场，而发展中国家的股票市场通常表现为显著的反转效应（Chui et al.，2010），至少针对中国的股票市场，相关研究结论并不一致；其次，动量因子更多反映投资者固有的行为偏差在资本市场上所呈现的系统性结果，很难与风险因素相联系（汪昌云和汪勇祥，2007）。

[2] 出于不同的研究目的，Cosemans 等（2016）、邓可斌等（2018）在市场风险的估计结果 $\hat{\beta}_{i,t|t-1}^{(k)}$ 的基础之上，直接计算对应的先验估计值 $\hat{\beta}_{i,t|t-1}^*$，进而得到对应的后验估计值 $\hat{\beta}_{i,t|t-1}^\#$。他们将市场风险表示为不同种类、更加细分的系统性风险的线性组合，仅是动态混合 β 测度下的定价模型参数估计的流程所需，通过构造动态化、混合化的单一 β 指标进行后续的定价研究。

$$\hat{\sigma}_{\beta_{i,t|t-1}^{\text{macro*}}} = \sqrt{\frac{1}{K}\sum_{k=1}^{K}\left(\hat{\beta}_{i,t|t-1}^{\text{macro},(k)} - \hat{\beta}_{i,t|t-1}^{\text{macro*}}\right)^2} \tag{3.7b}$$

$$\hat{\beta}_{i,t|t-1}^{\text{micro*}} = \frac{1}{K}\sum_{k=1}^{K}\hat{\beta}_{i,t|t-1}^{\text{micro},(k)} \tag{3.8a}$$

$$\hat{\sigma}_{\beta_{i,t|t-1}^{\text{micro*}}} = \sqrt{\frac{1}{K}\sum_{k=1}^{K}\left(\hat{\beta}_{i,t|t-1}^{\text{micro},(k)} - \hat{\beta}_{i,t|t-1}^{\text{micro*}}\right)^2} \tag{3.8b}$$

$$\hat{\beta}_{i,t|t-1}^{\text{contagion*}} = \frac{1}{K}\sum_{k=1}^{K}\hat{\beta}_{i,t|t-1}^{\text{contagion},(k)} \tag{3.9a}$$

$$\hat{\sigma}_{\beta_{i,t|t-1}^{\text{contagion*}}} = \sqrt{\frac{1}{K}\sum_{k=1}^{K}\left(\hat{\beta}_{i,t|t-1}^{\text{contagion},(k)} - \hat{\beta}_{i,t|t-1}^{\text{contagion*}}\right)^2} \tag{3.9b}$$

其中，$\hat{\beta}_{i,t|t-1}^{\text{macro*}}$、$\hat{\beta}_{i,t|t-1}^{\text{micro*}}$、$\hat{\beta}_{i,t|t-1}^{\text{contagion*}}$ 分别表示月度 t 时股票 i 的宏观经济风险、微观企业风险以及交叉传染风险的先验估计值；$\hat{\sigma}_{\beta_{i,t|t-1}^{\text{macro*}}}$、$\hat{\sigma}_{\beta_{i,t|t-1}^{\text{micro*}}}$、$\hat{\sigma}_{\beta_{i,t|t-1}^{\text{contagion*}}}$ 分别表示三种风险对应的标准误；K 表示标准马尔可夫链的有效长度，即贝叶斯估计的有效重复结果（本书已经将其设定为 1000）。

最后，在先验估计值的基础之上，计算宏观经济风险、微观企业风险以及交叉传染风险的后验估计值及其标准误：

$$\hat{\beta}_{i,t}^{\text{macro\#}} = \frac{\hat{\beta}_{i,t|t-1}^{\text{macro*}} \Big/ \hat{\sigma}_{\beta_{i,t|t-1}^{\text{macro*}}}^2 + \hat{b}_{i,t}^{\text{macro}} \Big/ \hat{s}_{b_{i,t}^{\text{macro}}}^2}{1 \Big/ \hat{\sigma}_{\beta_{i,t|t-1}^{\text{macro*}}}^2 + 1 \Big/ \hat{s}_{b_{i,t}^{\text{macro}}}^2} \tag{3.10}$$

$$= \phi_{i,t}^{\text{macro}} \hat{\beta}_{i,t|t-1}^{\text{macro*}} + \left(1 - \phi_{i,t}^{\text{macro}}\right)\hat{b}_{i,t}^{\text{macro}}$$

$$\hat{\sigma}_{\beta_{i,t}^{\text{macro\#}}} = \sqrt{\frac{1}{1 \Big/ \hat{\sigma}_{\beta_{i,t|t-1}^{\text{macro*}}}^2 + 1 \Big/ \hat{s}_{b_{i,t}^{\text{macro}}}^2}} \tag{3.11a}$$

$$\phi_{i,t}^{\text{macro}} = \frac{\hat{s}_{b_{i,t}^{\text{macro}}}^2}{\hat{\sigma}_{\beta_{i,t|t-1}^{\text{macro*}}}^2 + \hat{s}_{b_{i,t}^{\text{macro}}}^2} \tag{3.11b}$$

$$\hat{\beta}_{i,t}^{\text{micro\#}} = \frac{\hat{\beta}_{i,t|t-1}^{\text{micro*}} \Big/ \hat{\sigma}_{\beta_{i,t|t-1}^{\text{micro*}}}^2 + \hat{b}_{i,t}^{\text{micro}} \Big/ \hat{s}_{b_{i,t}^{\text{micro}}}^2}{1 \Big/ \hat{\sigma}_{\beta_{i,t|t-1}^{\text{micro*}}}^2 + 1 \Big/ \hat{s}_{b_{i,t}^{\text{micro}}}^2} \tag{3.12}$$

$$= \phi_{i,t}^{\text{micro}} \hat{\beta}_{i,t|t-1}^{\text{micro*}} + \left(1 - \phi_{i,t}^{\text{micro}}\right)\hat{b}_{i,t}^{\text{micro}}$$

$$\hat{\sigma}_{\beta_{i,t}^{\text{micro\#}}} = \sqrt{\frac{1}{1 \Big/ \hat{\sigma}_{\beta_{i,t|t-1}^{\text{micro*}}}^2 + 1 \Big/ \hat{s}_{b_{i,t}^{\text{micro}}}^2}} \tag{3.13a}$$

$$\phi_{i,t}^{\text{micro}} = \frac{\hat{s}_{b_{i,t}^{\text{micro}}}^2}{\hat{\sigma}_{\beta_{i,t|t-1}^{\text{micro}*}}^2 + \hat{s}_{b_{i,t}^{\text{micro}}}^2} \tag{3.13b}$$

$$\hat{\beta}_{i,t}^{\text{contagion}\#} = \frac{\hat{\beta}_{i,t|t-1}^{\text{contagion}*}\Big/\hat{\sigma}_{\beta_{i,t|t-1}^{\text{contagion}*}}^2 + \hat{b}_{i,t}^{\text{contagion}}\Big/\hat{s}_{b_{i,t}^{\text{contagion}}}^2}{1\Big/\hat{\sigma}_{\beta_{i,t|t-1}^{\text{contagion}*}}^2 + 1\Big/\hat{s}_{b_{i,t}^{\text{contagion}}}^2} \tag{3.14}$$

$$= \phi_{i,t}^{\text{contagion}}\hat{\beta}_{i,t|t-1}^{\text{contagion}*} + \left(1 - \phi_{i,t}^{\text{contagion}}\right)\hat{b}_{i,t}^{\text{contagion}}$$

$$\hat{\sigma}_{\beta_{i,t}^{\text{contagion}\#}} = \sqrt{\frac{1}{1\Big/\hat{\sigma}_{\beta_{i,t|t-1}^{\text{contagion}*}}^2 + 1\Big/\hat{s}_{b_{i,t}^{\text{contagion}}}^2}} \tag{3.15a}$$

$$\phi_{i,t}^{\text{contagion}} = \frac{\hat{s}_{b_{i,t}^{\text{contagion}}}^2}{\hat{\sigma}_{\beta_{i,t|t-1}^{\text{contagion}*}}^2 + \hat{s}_{b_{i,t}^{\text{contagion}}}^2} \tag{3.15b}$$

其中，$\hat{\beta}_{i,t}^{\text{macro}\#}$、$\hat{\beta}_{i,t}^{\text{micro}\#}$、$\hat{\beta}_{i,t}^{\text{contagion}\#}$ 分别表示月度 t 时股票 i 的宏观经济风险、微观企业风险以及交叉传染风险的后验估计值；$\hat{\sigma}_{\beta_{i,t}^{\text{macro}\#}}$、$\hat{\sigma}_{\beta_{i,t}^{\text{micro}\#}}$、$\hat{\sigma}_{\beta_{i,t}^{\text{contagion}\#}}$ 分别表示三种风险对应的标准误；$\hat{b}_{i,t}^{\text{macro}}$、$\hat{b}_{i,t}^{\text{micro}}$、$\hat{b}_{i,t}^{\text{contagion}}$ 分别表示采用普通最小二乘法通过滚动回归（24 个月）得到的月度 t 时股票 i 的宏观经济风险、微观企业风险以及交叉传染风险的样本估计值；$\hat{s}_{b_{i,t}^{\text{macro}}}$、$\hat{s}_{b_{i,t}^{\text{micro}}}$、$\hat{s}_{b_{i,t}^{\text{contagion}}}$ 分别表示三种风险对应的标准误；$\phi_{i,t}^{\text{macro}}$、$\phi_{i,t}^{\text{micro}}$、$\phi_{i,t}^{\text{contagion}}$ 分别表示月度 t 时股票 i 的宏观经济风险、微观企业风险以及交叉传染风险的不同估计值的收缩权重，若样本估计值的精度相对于先验估计值更低（如 $\hat{s}_{b_{i,t}^{\text{macro}}}^2 > \hat{\sigma}_{\beta_{i,t|t-1}^{\text{macro}*}}^2$），则大部分权重会赋予先验估计值。

由于贝叶斯估计会逐渐逼近真实值，我们采用宏观经济风险、微观企业风险以及交叉传染风险的后验估计值衡量对应的风险，鉴于本书的研究目的，我们进一步采用简单算术平均的方法将其转换为年度变量：

$$\beta_{i,y}^{\text{macro}} = \frac{1}{T}\sum_{t=1}^{T}\hat{\beta}_{i,t}^{\text{macro}\#} \tag{3.16a}$$

$$\beta_{i,y}^{\text{micro}} = \frac{1}{T}\sum_{t=1}^{T}\hat{\beta}_{i,t}^{\text{micro}\#} \tag{3.16b}$$

$$\beta_{i,y}^{\text{contagion}} = \frac{1}{T}\sum_{t=1}^{T}\hat{\beta}_{i,t}^{\text{contagion}\#} \tag{3.16c}$$

其中，$\beta_{i,y}^{\text{macro}}$、$\beta_{i,y}^{\text{micro}}$、$\beta_{i,y}^{\text{contagion}}$ 分别表示年度化的宏观经济风险、微观企业风险以及交叉传染风险。

3.3　技术创新的来源、种类及度量：数量与质量

对于技术创新的最早认知来源于 Schumpeter（1912）在《经济发展理论》一书中提出的"创新理论"，在之后的《经济周期》《资本主义、社会主义与民主》两书中，他进一步将技术创新视为经济发展过程中"至高无上"的推动力量。Schumpeter 认为，技术创新的本质就是生产函数的迭代升级，企业采用先进的生产函数代替落后的生产函数可以在要素总量不变的情况下仅通过不同要素之间的"新组合"实现产量的增加。然而，随着世界经济一体化的不断推进和企业自身的不断进化，当前的企业已经具备了高度复杂的内部组织和外部网络，姑且不说生产函数并不可见，即使想要通过构建生产函数拟合企业行为进而反推技术创新也是不可能的。因此，对于技术创新，需要一种切实可行且相对准确的度量方法。通常认为企业的研发投入和专利产出是技术创新的良好度量指标，相对来说，研发投入仅仅刻画了技术创新的潜在水平（Aghion et al.，2013），专利产出则直接反映了技术创新的最终成果（He and Tian，2013；Cornaggia et al.，2015），并且包含了数量和质量两个维度，是更为有效的指标（陆瑶等，2017）。

从提交专利的"申请日"到授权专利的"公告日"需要一系列的检测流程，且存在较大的不确定性（周煊等，2012；黎文靖和郑曼妮，2016），"申请日"的专利能够更好地刻画技术创新的"实际时间"，而"公告日"的专利可以更好地刻画技术创新的"实际效果"。借鉴 Cornaggia 等（2015）、江轩宇（2016）的度量方法，本书采用企业"申请日"提交并最终获得中国国家知识产权局授权的专利数目度量技术创新的数量，其中的专利包括发明专利、实用新型专利和外观设计专利。

相对于技术创新的数量，质量理应获得更多的关注，基于中国的特殊情景，如何有效地测度技术创新的质量是研究者面临的重要挑战（张杰和郑文平，2018）。国外学者一般采用专利的引用次数作为技术创新质量的代理变量（Hsu et al.，2014），可是中国专利数据库未提供相关信息，因此我们需要寻找其他的测度方法。Akcigit 等（2016）、Aghion 等（2019）、张杰和郑文平（2018）的研究为我们提供了一个新的视角——采用专利的知识宽度测算技术创新的质量。按照字面意思理解，专利的知识宽度就是专利所含知识内容的广泛程度和复杂程度：一方面，专利所含的知识内容越广泛，则其关联学科越多、适用领域越宽、社会价值也越高；另一方面，专利所含的知识内容越复杂，则其替代产品越少、改进难度越大、垄断力量也越强。因此，专利知识宽度是技术创新质量的合适、有效的代理变量。

基于以上原因，借鉴 Akcigit 等（2016）、Aghion 等（2019）、张杰和郑文平（2018）的度量方法，本书使用中国专利数据库的企业专利数据，依据国际专利分

类号，采用专利的知识宽度测算技术创新的质量[①]。一个完整的国际专利分类号由五种符号组成，采用等级的形式对技术内容进行逐级标注："部—大类—小类—大组—小组"，如"A01B 02/03"[②]。

首先，计算年度 t 时企业 i 拥有的专利 j 的知识宽度：

$$\text{Patent\_knowledge}_{i,j,t} = 1 - \sum_n \alpha_{i,j,n,t}^2 \qquad (3.17)$$

其中，$\alpha_{i,j,n,t}$ 表示年度 t 时企业 i 拥有的专利 j 中"大组"种类 n 占"大组"层面的分类号的比例[③]。举例说明，一项专利具有四个分类号，即 A01A 01/01、A01A 01/02、A01A 02/01、A01B 01/01，其对应的"大组"层面的四个分类号分别为 A01A 01、A01A 01、A01A 02、A01B 01，可以发现，前两个分类号在"大组"层面的知识是重合的，"大组"的种类为 3，每个"大组"种类占"大组"层面的分类号的比例为 1/2、1/4、1/4，因此，这项专利的知识宽度为 $1 - \left[\left(1/2 \right)^2 + \left(1/4 \right)^2 + \left(1/4 \right)^2 \right]$，即 5/8。

其次，计算年度 t 时企业 i 的创新质量：

$$\text{Inv\_quality}_{i,t}^{\text{mean}} = \underset{j}{\text{mean}} \left(\text{Patent\_knowledge}_{i,j,t} \right) \qquad (3.18)$$

$$\text{Inv\_quality}_{i,t}^{\text{median}} = \underset{j}{\text{median}} \left(\text{Patent\_knowledge}_{i,j,t} \right) \qquad (3.19)$$

其中，$\text{mean}(\cdot)$、$\text{median}(\cdot)$ 分别表示均值运算、中位数运算，据此可构造两种度量创新质量的指标。采用两种指标的原因是一些企业的专利知识宽度的分布存在极端值，只有通过后一种指标才能准确度量。

3.4　小　　结

为了准确地测度单一股票的系统性风险，现有研究分别从截面、时间两个维度对 CAPM 进行扩展：第一种方法，在截面维度加入更多的风险因子以弥补模型

---

① 我们利用知识宽度的概念刻画技术创新的质量，仅涉及企业的发明专利和实用新型专利，原因如下：首先相对于外观设计专利，发明专利和实用新型专利更为优质且更有价值；其次发明专利和实用新型专利按照"国际专利分类标准"进行标识，而外观设计专利按照"洛迦诺分类标准"进行标识，两者之间的格式差别很大，知识宽度的测算标准无法统一。

② 国际专利分类号的第一个字母的取值范围是 A～H，分别表示八个部：A 部，人类生活必需；B 部，作业、运输；C 部，化学、冶金；D 部，纺织、造纸；E 部，固定建筑物；F 部，机械工程、照明、加热、武器、爆破；G 部，物理；H 部，电学。国际专利分类号的第二、三个数字表示大类，第四个字母表示小类，接下来的大组和小组通过"/"隔开。

③ 专利所含知识内容在"小组"层面较为相似，而在"大组"及以上层面存在明显差异，我们将"大组"层面的分类号信息作为权重。

解释力不足的缺陷，可是多因子模型存在很大争议，学界对于规模因子、价值因子、盈利能力因子和投资风格因子能否表示风险因素尚无定论，至于动量因子则更多反映了投资者固有的行为偏差在资本市场上所呈现的系统性结果，很难与风险因素相联系；第二种方法，在时间维度对 CAPM 进行动态化处理，但是仅在时间维度进行扩展使得模型的风险来源过于单一，对于现实世界的真实风险无法进行精确刻画，且无法回答作为系统性风险唯一来源的市场风险源自何处、传导机制是怎样的、如何进行防范。本章借鉴 Cosemans 等（2016）的研究思路，利用动态混合 β 测度方法在截面、时间两个维度对传统资产定价模型进行扩展，从而兼顾了系统性风险的多样性和时变性，并将市场风险 β 分解为三类系统性风险：宏观经济风险、微观企业风险以及交叉传染风险。由于摒弃了共同风险因子的概念，系统性风险的不可分散性既来源于宏观经济类的整体变量，也来源于微观企业类的个体变量，甚至来源于两者之间的交互变量，因此，对于作为系统性风险重要组成部分的交叉传染风险，可以采用动态混合 β 测度方法进行精准刻画，这是以往的资产定价模型无法做到的。

　　本章探讨了技术创新的来源、种类与度量，指出企业的研发投入和专利产出是技术创新的良好度量指标，相对来说，研发投入仅仅刻画了技术创新的潜在水平，专利产出则直接反映了技术创新的最终成果，是更加准确的度量指标，因此，本书基于专利产出的角度对技术创新的数量和质量进行刻画。本章借鉴 Akcigit 等（2016）、Aghion 等（2019）、张杰和郑文平（2018）的研究方法，采用专利的知识宽度测算技术创新的质量，我们构建了两种度量创新质量的指标，即均值指标和中位数指标，目的是避免专利的知识宽度分布的极端值对研究结果的干扰。

第 4 章 三类系统性风险的特征分析及对比

4.1 宏观经济风险、微观企业风险、交叉传染风险的统计描述

表 4.1 列示了三类系统性风险的统计特征，可以看到：通过股票价格反映的企业承担的系统性风险中的宏观经济风险（β^{macro}）的均值为 0.413、微观企业风险（β^{micro}）的均值为 0.294、交叉传染风险（$\beta^{contagion}$）的均值为 0.468，相较而言，宏观经济风险处于中等水平，不是系统性风险最重要的组成部分，微观企业风险处于较低水平，也不是系统性风险的主要因素，交叉传染风险才是系统性风险最为重要的因素。宏观经济风险（β^{macro}）的标准差为 1.021，处于较低水平，说明不同企业所承担的宏观经济风险的差异较小。微观企业风险（β^{micro}）的标准差为 1.905，处于较高水平，说明不同企业所承担的系统性风险中的微观企业风险的差异较大。交叉传染风险（$\beta^{contagion}$）的标准差为 1.613，处于中等水平。

表 4.1　三类系统性风险的统计特征

变量名称	符号	均值	标准差	最小值	最大值	度量方法
宏观经济风险	β^{macro}	0.413	1.021	0.098	0.764	
微观企业风险	β^{micro}	0.294	1.905	0.070	0.503	见本书第 3 章
交叉传染风险	$\beta^{contagion}$	0.468	1.613	0.209	0.950	

4.2 宏观经济风险的可持续性研究

利用转移概率矩阵探寻单一股票所承载的宏观经济风险是否具有持续性，换句话说，即探寻当前承载较高宏观经济风险的股票，其未来的宏观经济风险是否也较高，当前承载较低宏观经济风险的股票，其未来的宏观经济风险是否也较低。首先，将每个年度的股票按照所承载的宏观经济风险从低到高进行排序并等分为10 组；其次，计算当前组合在一年之后、两年之后、三年之后转变为其他组合的概率分布；最后，将每个年度的转移概率矩阵按照当前组分位点、未来组分位点一一对应的原则进行简单加权平均，得到综合的转移概率矩阵，其中一年持有期、两年持有期、三年持有期分别对应于表 4.2 中的 Panel A、Panel B 和 Panel C。

表 4.2　基于转移概率矩阵的宏观经济风险的持续性研究

分位点		未来组									
		Q1	Q2	Q3	Q4	Q5	Q6	Q7	Q8	Q9	Q10
		Panel A									
当前组	Q1	0.148	0.135	0.126	0.111	0.098	0.092	0.078	0.076	0.094	0.042
	Q2	0.144	0.145	0.127	0.100	0.089	0.095	0.080	0.078	0.072	0.070
	Q3	0.124	0.125	0.134	0.110	0.097	0.098	0.081	0.083	0.075	0.073
	Q4	0.114	0.111	0.118	0.129	0.094	0.085	0.089	0.091	0.086	0.083
	Q5	0.102	0.106	0.113	0.116	0.126	0.097	0.098	0.087	0.078	0.077
	Q6	0.083	0.094	0.085	0.106	0.109	0.117	0.102	0.103	0.094	0.107
	Q7	0.077	0.067	0.074	0.095	0.114	0.115	0.128	0.108	0.100	0.122
	Q8	0.066	0.063	0.069	0.089	0.094	0.114	0.114	0.133	0.127	0.131
	Q9	0.066	0.076	0.070	0.073	0.094	0.107	0.111	0.124	0.140	0.139
	Q10	0.076	0.078	0.084	0.071	0.085	0.080	0.119	0.117	0.134	0.156
		Panel B									
当前组	Q1	0.140	0.133	0.127	0.111	0.098	0.087	0.078	0.080	0.076	0.070
	Q2	0.139	0.133	0.116	0.106	0.076	0.088	0.090	0.077	0.085	0.090
	Q3	0.129	0.123	0.136	0.099	0.094	0.089	0.084	0.082	0.078	0.086
	Q4	0.111	0.109	0.126	0.128	0.091	0.092	0.088	0.086	0.089	0.080
	Q5	0.100	0.104	0.105	0.105	0.123	0.092	0.089	0.098	0.081	0.103
	Q6	0.092	0.092	0.093	0.084	0.106	0.112	0.110	0.112	0.107	0.092
	Q7	0.082	0.065	0.072	0.084	0.111	0.110	0.118	0.117	0.119	0.122
	Q8	0.068	0.061	0.069	0.088	0.109	0.119	0.113	0.126	0.130	0.117
	Q9	0.078	0.084	0.088	0.089	0.091	0.112	0.119	0.103	0.117	0.119
	Q10	0.061	0.096	0.068	0.106	0.101	0.099	0.111	0.119	0.118	0.121
		Panel C									
当前组	Q1	0.122	0.120	0.118	0.123	0.093	0.104	0.081	0.087	0.091	0.061
	Q2	0.118	0.117	0.130	0.119	0.107	0.081	0.089	0.078	0.086	0.075
	Q3	0.117	0.102	0.125	0.116	0.111	0.098	0.086	0.082	0.078	0.085
	Q4	0.110	0.119	0.113	0.118	0.110	0.089	0.088	0.084	0.091	0.078
	Q5	0.098	0.112	0.119	0.101	0.112	0.092	0.092	0.089	0.089	0.096
	Q6	0.100	0.091	0.109	0.111	0.106	0.123	0.091	0.094	0.077	0.098
	Q7	0.105	0.089	0.088	0.084	0.084	0.105	0.128	0.099	0.107	0.111
	Q8	0.067	0.088	0.069	0.072	0.093	0.105	0.126	0.136	0.117	0.127
	Q9	0.095	0.084	0.061	0.065	0.092	0.104	0.109	0.123	0.133	0.134
	Q10	0.068	0.078	0.068	0.091	0.092	0.099	0.110	0.128	0.131	0.135

注: Q1 为承载风险最低组, Q10 为承载风险最高组

由表 4.2 可得，单一股票所承载的宏观经济风险呈现出一定程度的持续性，以 Panel A 为例，当前承载宏观经济风险最高的组合有 15.6%的概率在一年之后依旧为承载宏观经济风险最高的组合，当前承载宏观经济风险最低的组合有 14.8%的概率在一年之后依旧为承载宏观经济风险最低的组合。进一步观察可以发现，转移概率矩阵左上角、右下角的概率分布更加紧密，而右上角、左下角的概率分布则较为稀疏，表明单一股票所承载的宏观经济风险的持续性不是仅适用于某一局部，而是具有"全域"性质。此外，单一股票所承载的宏观经济风险的持续性随着时间的推移不断降低，但是在三年之后依旧存在：当前承载宏观经济风险最高的组合有 13.5%的概率在三年之后依旧为承载宏观经济风险最高的组合，当前承载宏观经济风险最低的组合有 12.2%的概率在三年之后依旧为承载宏观经济风险最低的组合。这表明单一股票所承载的宏观经济风险的高低顺序不会随着宏观经济的起伏随机分布，而是与企业自身的特征存在显著关联性，这一结果与经典 CAPM 以及本书采用的动态混合 β 测度方法的理论假说相一致。

4.3　微观企业风险的可持续性研究

利用转移概率矩阵探寻单一股票所承载的微观企业风险是否具有持续性，换句话说，即探寻当前承载较高微观企业风险的股票，其未来的微观企业风险是否也较高，当前承载较低微观企业风险的股票，其未来的微观企业风险是否也较低。首先，将每个年度的股票按照所承载的微观企业风险从低到高进行排序并等分为 10 组；其次，计算当前组合在一年之后、两年之后、三年之后转变为其他组合的概率分布；最后，将每个年度的转移概率矩阵按照当前组分位点、未来组分位点一一对应的原则进行简单加权平均，得到综合的转移概率矩阵，其中一年持有期、两年持有期、三年持有期分别对应于表 4.3 中的 Panel A、Panel B 和 Panel C。

由表 4.3 可得，单一股票所承载的微观企业风险呈现出非常明显的持续性，以 Panel A 为例，当前承载微观企业风险最高的组合有 23.0%的概率在一年之后依旧为承载微观企业风险最高的组合，当前承载微观企业风险最低的组合有 28.2%的概率在一年之后依旧为承载微观企业风险最低的组合。进一步观察可以发现，转移概率矩阵左上角、右下角的概率分布较为紧密，而右上角、左下角的概率分布则较为稀疏，表明单一股票所承载的微观企业风险的持续性不是仅适用于某一局部，而是具有"全域"性质。此外，单一股票所承载的微观企业风险的持续性随着时间的推移不断降低，但是在三年之后依旧明显：当前承载微观企业风险最高的组合有 16.8%的概率在三年之后依旧为承载微观企业风险最高的组合，当前承载微观企业风险最低的组合有 15.4%的概率在三年之后依旧为承载微观企业风

表 4.3 基于转移概率矩阵的微观企业风险的持续性研究

| 分位点 | | 未来组 | | | | | | | | | |
		Q1	Q2	Q3	Q4	Q5	Q6	Q7	Q8	Q9	Q10
		Panel A									
	Q1	0.282	0.190	0.143	0.092	0.074	0.054	0.041	0.037	0.049	0.038
	Q2	0.202	0.231	0.169	0.121	0.084	0.057	0.033	0.024	0.031	0.048
	Q3	0.146	0.183	0.221	0.145	0.092	0.058	0.046	0.032	0.038	0.039
	Q4	0.109	0.124	0.168	0.207	0.132	0.089	0.058	0.032	0.031	0.050
当前组	Q5	0.075	0.081	0.088	0.139	0.183	0.152	0.092	0.079	0.059	0.052
	Q6	0.051	0.061	0.056	0.090	0.157	0.203	0.141	0.094	0.087	0.060
	Q7	0.045	0.045	0.053	0.083	0.105	0.115	0.198	0.129	0.107	0.120
	Q8	0.031	0.048	0.044	0.051	0.064	0.105	0.136	0.206	0.156	0.159
	Q9	0.021	0.024	0.031	0.034	0.057	0.104	0.139	0.173	0.213	0.204
	Q10	0.038	0.013	0.027	0.038	0.052	0.063	0.116	0.194	0.229	0.230
		Panel B									
	Q1	0.193	0.161	0.133	0.119	0.097	0.079	0.068	0.059	0.043	0.048
	Q2	0.152	0.191	0.168	0.109	0.074	0.073	0.062	0.054	0.051	0.066
	Q3	0.132	0.159	0.182	0.095	0.076	0.069	0.079	0.062	0.068	0.078
	Q4	0.104	0.101	0.135	0.184	0.099	0.076	0.078	0.071	0.070	0.082
当前组	Q5	0.095	0.079	0.108	0.107	0.193	0.102	0.086	0.072	0.071	0.087
	Q6	0.087	0.072	0.067	0.082	0.113	0.183	0.131	0.104	0.077	0.084
	Q7	0.071	0.069	0.052	0.074	0.082	0.125	0.175	0.129	0.117	0.106
	Q8	0.068	0.057	0.047	0.070	0.088	0.085	0.124	0.184	0.154	0.123
	Q9	0.051	0.059	0.044	0.071	0.079	0.095	0.103	0.143	0.203	0.152
	Q10	0.047	0.052	0.064	0.089	0.099	0.113	0.094	0.122	0.146	0.174
		Panel C									
	Q1	0.154	0.134	0.133	0.119	0.115	0.098	0.076	0.068	0.057	0.046
	Q2	0.132	0.141	0.128	0.113	0.105	0.083	0.086	0.077	0.074	0.061
	Q3	0.122	0.139	0.147	0.118	0.106	0.078	0.081	0.067	0.064	0.078
	Q4	0.118	0.121	0.125	0.143	0.099	0.081	0.081	0.079	0.073	0.080
当前组	Q5	0.105	0.108	0.111	0.107	0.119	0.102	0.076	0.072	0.081	0.119
	Q6	0.097	0.092	0.084	0.087	0.097	0.135	0.111	0.103	0.098	0.096
	Q7	0.086	0.087	0.072	0.080	0.091	0.115	0.138	0.119	0.117	0.095
	Q8	0.073	0.066	0.071	0.079	0.088	0.105	0.124	0.147	0.134	0.113
	Q9	0.069	0.059	0.062	0.076	0.085	0.097	0.113	0.143	0.152	0.144
	Q10	0.044	0.053	0.067	0.078	0.095	0.106	0.114	0.125	0.150	0.168

注：$Q1$ 为承载风险最低组，$Q10$ 为承载风险最高组

险最低的组合。这表明单一股票所承载的微观企业风险的高低顺序与企业自身的特征存在显著关联性，这一方面来源于不同企业在动态混合 β 测度方法下的微观企业因子（企业规模、企业价值、经营状况、财务状况）的显著差别，另一方面来源于相应因子的风险承担水平的稳定性。

4.4　交叉传染风险的可持续性研究

利用转移概率矩阵探寻单一股票所承载的交叉传染风险是否具有持续性，换句话说，即探寻当前承载较高交叉传染风险的股票，其未来的交叉传染风险是否也较高，当前承载较低交叉传染风险的股票，其未来的交叉传染风险是否也较低。首先，将每个年度的股票按照所承载的交叉传染风险从低到高进行排序并等分为10 组；其次，计算当前组合在一年之后、两年之后、三年之后转变为其他组合的概率分布；最后，将每个年度的转移概率矩阵按照当前组分位点、未来组分位点一一对应的原则进行简单加权平均，得到综合的转移概率矩阵，其中一年持有期、两年持有期、三年持有期分别对应于表 4.4 中的 Panel A、Panel B 和 Panel C。

由表 4.4 可得，单一股票所承载的交叉传染风险并不存在持续性，这一点与之前的宏观经济风险、微观企业风险不同，以 Panel A 为例，当前承载交叉传染风险最高的组合有 8.1%的概率在一年之后依旧为承载交叉传染风险最高的组合，当前承载交叉传染风险最低的组合有 7.2%的概率在一年之后依旧为承载交叉传染风险最低的组合，以上概率分布显著低于随机分布的 10%。进一步观察可以发现，转移概率矩阵并不存在之前的宏观经济风险、微观企业风险所呈现的左上角、右下角的概率分布较为紧密以及右上角、左下角的概率分布较为稀疏的性质，这说明单一股票所承载的交叉传染风险并不具有持续性。此外，单一股票所承载的交叉传染风险随着时间的推移也没有表现出一定的趋势性特点，以 $Q1$（$Q10$）组合为例，其在一年之后、两年之后、三年之后依旧处于原有组合的概率分别为 7.2%（8.1%）、6.9%（10.0%）、9.2%（1.2%）。产生以上结果的原因一方面可能是交叉传染风险的因子是三个宏观经济因子（货币政策、财政政策、经济周期）和四个微观企业因子（企业规模、企业价值、经营状况、财务状况）的两两交叉组合，难以呈现稳定的规律性，另一方面可能是相应因子的风险承担水平具有不稳定性（最终的交叉传染风险是相关风险因子与因子载荷的线性组合）。

表 4.4　基于转移概率矩阵的交叉传染风险的持续性研究

分位点		未来组									
		Q1	Q2	Q3	Q4	Q5	Q6	Q7	Q8	Q9	Q10
		Panel A									
	Q1	0.072	0.096	0.094	0.109	0.097	0.083	0.076	0.095	0.175	0.103
	Q2	0.107	0.101	0.118	0.076	0.105	0.093	0.086	0.157	0.094	0.063
	Q3	0.092	0.166	0.118	0.118	0.106	0.078	0.081	0.067	0.064	0.110
	Q4	0.118	0.109	0.129	0.123	0.067	0.184	0.061	0.067	0.079	0.063
当前组	Q5	0.078	0.108	0.101	0.107	0.079	0.156	0.087	0.072	0.082	0.130
	Q6	0.087	0.092	0.134	0.087	0.137	0.080	0.111	0.103	0.098	0.071
	Q7	0.123	0.117	0.072	0.080	0.096	0.115	0.063	0.119	0.117	0.098
	Q8	0.133	0.106	0.084	0.079	0.121	0.105	0.094	0.102	0.114	0.062
	Q9	0.089	0.079	0.072	0.076	0.085	0.097	0.093	0.092	0.098	0.219
	Q10	0.101	0.026	0.078	0.145	0.107	0.009	0.248	0.126	0.079	0.081
		Panel B									
	Q1	0.069	0.087	0.069	0.107	0.097	0.109	0.098	0.082	0.107	0.175
	Q2	0.153	0.098	0.104	0.083	0.115	0.093	0.076	0.168	0.097	0.013
	Q3	0.072	0.082	0.105	0.098	0.106	0.078	0.081	0.077	0.064	0.237
	Q4	0.139	0.126	0.099	0.121	0.067	0.114	0.061	0.097	0.089	0.087
当前组	Q5	0.081	0.117	0.078	0.111	0.079	0.134	0.077	0.072	0.082	0.169
	Q6	0.056	0.092	0.139	0.107	0.137	0.098	0.113	0.103	0.098	0.057
	Q7	0.113	0.147	0.096	0.148	0.096	0.124	0.066	0.044	0.107	0.059
	Q8	0.101	0.106	0.099	0.108	0.131	0.089	0.095	0.102	0.116	0.053
	Q9	0.091	0.083	0.104	0.011	0.085	0.087	0.093	0.092	0.158	0.196
	Q10	0.125	0.062	0.107	0.106	0.087	0.074	0.094	0.163	0.082	0.100
		Panel C									
	Q1	0.092	0.010	0.095	0.118	0.097	0.089	0.139	0.146	0.089	0.125
	Q2	0.117	0.059	0.125	0.099	0.174	0.097	0.088	0.104	0.056	0.081
	Q3	0.076	0.071	0.167	0.011	0.139	0.017	0.072	0.098	0.107	0.242
	Q4	0.079	0.134	0.069	0.092	0.057	0.123	0.086	0.115	0.093	0.152
当前组	Q5	0.092	0.108	0.077	0.108	0.133	0.057	0.076	0.084	0.152	0.113
	Q6	0.113	0.086	0.129	0.107	0.117	0.098	0.111	0.094	0.069	0.076
	Q7	0.106	0.101	0.076	0.147	0.076	0.124	0.066	0.044	0.117	0.143
	Q8	0.116	0.117	0.094	0.108	0.091	0.129	0.105	0.102	0.109	0.029
	Q9	0.158	0.094	0.084	0.082	0.085	0.097	0.113	0.112	0.148	0.027
	Q10	0.051	0.220	0.084	0.128	0.031	0.169	0.144	0.101	0.060	0.012

注：Q1 为承载风险最低组，Q10 为承载风险最高组

第 5 章 宏观经济风险与技术创新

本章主要研究了企业承担的系统性风险中的宏观经济风险（选取标准的马尔可夫链，采用动态混合 β 测度模型基于贝叶斯估计所得）与技术创新的关系，在此基础之上分析了有形信息含量和无形信息含量、企业透明度、融资融券标的是否会影响宏观经济风险与技术创新的关系。对于宏观经济风险与技术创新的关系，本书第 2 章已经进行了详细的介绍和说明，因此，本章假设提出部分的主要目的在于描述有形信息含量和无形信息含量、企业透明度、融资融券标的与宏观经济风险之间的潜在联系，以及它们影响宏观经济风险与技术创新之间关系的潜在途径。除了假设提出部分，其他部分的内容安排如下：模型与方法部分，介绍有形信息含量和无形信息含量、企业透明度、融资融券标的指标的详细度量方法，以及控制变量和相应的计量模型；样本选取与统计描述部分，详细说明本章研究内容的数据来源，并给出对应的描述性统计结果；实证分析部分，采用分组排序的方法分析宏观经济风险与创新数量和质量之间的关系，观察相应的趋势是否显著，并通过回归方法实证分析宏观经济风险与创新数量和质量之间的关系，以及有形信息含量、无形信息含量、企业透明度、融资融券标的对宏观经济风险与创新数量和质量之间关系的影响。

5.1 假 设 提 出

通常意义上的宏观经济风险是指一国境内的全部经济活动、整体物价水平和商业周期的不确定性或大幅波动，具有以下三个特点：其一，潜在性，宏观经济风险依附于宏观经济系统，因此宏观经济的运行、发展天然就蕴含着宏观经济风险；其二，隐藏性，宏观经济风险隐藏在宏观经济系统内部，一般并不会明显表现出来，而是只在关键时点暴露；其三，积累性，宏观经济风险体现了经济社会发展的不确定因素和矛盾状态，其会随着不确定程度的加深和矛盾的加剧而不断增大。对于个人、企业等微观个体来说，宏观经济风险是难以预料的，建立相应的风险防范机制是一项巨大的系统性工程。

首先，宏观经济风险对技术创新的影响可以从商业周期和融资约束关联的角度加以分析（Martzoukos and Trigeorgis，2002；Audretsch and Lehmann，2004；Guellec and van Pottelsberghe de la Potterie，2004；Peneder，2010；Antikainen and Valkokari，2016；Linder and Williander，2017）。宏观经济风险的突发性和不可预

知性会对企业的投资、融资决策造成干扰，企业通常受困于整体形势的下滑不得不放弃原有的研究计划或将之前一直进行的计划终止，以缓解融资约束，度过商业萧条等大环境。此外，技术创新通常需要大量的资金，这对于企业的融资能力要求很高，同时由于融资期限一般较长，一旦遭遇商业下行周期的"债务-通货紧缩"双重压力，企业极有可能陷入"恶性循环"并不得不终止之前延续多年的创新项目，最终"前功尽弃"。考虑到企业研发投入所需的资金一部分来源于自有资金，一部分来源于和公共部门的合作研究计划，还有一部分来源于国外企业的投资，以上三类资金不仅是企业研发投入资金的主要来源，也是促进全社会的生产率不断提高的重要力量，但是以上三类资金中的自有资金和国外企业的投资对于宏观形势通常较为敏感，因此，当宏观经济形势不好时，外资的撤离会对企业的研发投入产生负面影响，降低对应企业的技术创新水平。

其次，宏观经济风险对技术创新的影响可以从宏观税负、制度环境和金融稳定的角度加以分析（Rajan and Zingales，1998；Beck and Levine，2002；Carlin and Mayer，2003；da Rin et al.，2006；Peneder，2008；Chava et al.，2013；Akcigit et al.，2022）。宏观税负的上下波动对于技术创新有着显著的负面影响，甚至超过了税负降低对技术创新的促进作用，主要原因是宏观经济风险具有全局性，即企业的其他决策都依赖于宏观大环境，并在这一大框架下进行调整，显然框架的大幅变化所造成的影响大于框架内部其他因素变动的影响。此外，资本市场的大幅波动往往预示着宏观经济风险的加剧，这会导致企业不愿意将资本用于研发等风险较大、收益不确定性较高的环节，与之相伴的结果就是企业未来的创新产出会呈现明显下滑趋势。

再次，宏观经济风险对技术创新的影响可以从金融结构的角度加以分析（Tadesse，2002；Cull et al.，2013；Polak and Boughton，2005）。金融结构是对一国金融系统中各个组成部分的分布、存在、相对规模、相互关系与配合状态的整体描述，一般来说，按照直接融资、间接融资的不同将金融系统区分为银行主导型和市场主导型是最为常见的方式。在市场主导型的金融体系中，市场风险对技术创新的影响会更加明显；而在银行主导型的金融体系中，信用风险对技术创新的影响更大。市场主导的金融体系容易产生小规模的金融风险，但是其在时间上、空间上的风险分散作用，使得金融市场不容易产生系统性的风险，因此，技术创新面临的风险更加容易应对；银行主导的金融体系可以平抑大多数的小型风险，但是银行的期限错配只能做到时间上的风险分散，这导致了系统性金融风险的发生更加频繁，技术创新面临的风险也更具系统性。除此之外，政府的税收、财政政策等的变化会直接通过股票市场、债券市场作用于企业的运营、投资和融资决策，因此政府的税收、财政政策的变化越频繁，企业面临的宏观政策风险就越大，其技术创新的水平也就越低。以上研究从侧面印证了宏观经济风险对企业技术创新具有显著的负向作用。

最后，宏观经济风险对技术创新的影响可以从营商环境和政策风险的角度加以分析（Romer，1990；Langlois and Mowery，1995；Mcmillan et al.，2000；Farrell and Whidbee，2003；Julio and Yook，2012；曹春方，2013；徐业坤等，2013；Baker et al.，2016；李凤羽和史永东，2016；Bhattacharya et al.，2017）。企业的经营活动需要与具体的营商环境相结合，尤其是研发投入等一系列具有较高不确定性的投资，甚至需要预判未来的政策走向，这使得企业的技术创新会受到政策风险的影响。考虑到技术创新和技术进步的原动力来自企业旨在获得垄断势力的种种努力，因为与其他形式的垄断相比，技术垄断是获取垄断的唯一合法且快速的途径，同时，技术的非竞争性和排他性使得企业可以通过规模经济获取更多的超额利润，这进一步激励企业将更多的资金投入研发，从而形成"良性循环"，但是相关政策的不确定性会通过阻碍以上循环的方式间接降低企业的技术创新能力。此外，政策出台的偶然性和突然性也降低了企业的技术创新热情。考虑到政府换届引发的政策不确定，企业不仅会减少当年的研发投入，甚至可能会停止持续多年的 R&D 投资，这导致未来一定时期的技术创新投入都会出现明显的下降趋势。基于以上不同角度的归纳与分析，本章提出以下假设。

H1：宏观经济风险越高，技术创新水平越低。

现代经济学认为，信息的产生和传递在经济现象及其运动变化中扮演着决定性的角色。Fama（1970）指出，我们生活在一个充满信息交流和信息竞争的社会，股票价格反映了所有的信息，无论是历史信息、公开信息还是内幕信息，股票交易的本质是投资者对于不同信息的意见交换。Shannon（1948）将信息定义为可以降低随机不确定性的东西，信息量的大小就是被消除掉的不确定性的大小。风险的核心是价格水平的不确定性，其源头是新信息的产生，伴随着不确定性的消除，风险得以释放，价格回归合理水平。以股票为例，如果短时间内消除的不确定性过大，则会导致股价剧烈波动。资本市场上的股票与经济社会中的企业存在着对应关系，既然风险与信息有着显著关联性，那么一定存在某种类型的信息与企业承担的宏观经济风险形成某种联系，进而对宏观经济风险与技术创新之间的关系产生影响。Zhang（2006）指出，根据信息对股价的作用形式可以将其分为基本面信息和杂乱信息；Daniel 和 Titman（2006）、Jiang（2010）认为，股票收益率可以归因于两部分，即有形信息和无形信息，前者关乎基本面，后者则包含了基本面以外的所有因素。Fama（1990）、Schwert（1990）、Cheung 和 Ng（1998）发现，有形信息或基本面信息作为实体经济在股票市场上的映射，与未来经济表现具有长期均衡关系，而未来经济表现很大程度上依赖于宏观经济的发展状况，与宏观经济风险存在着天然联系。这意味着股票或其对应上市企业的有形信息含量越高，其与宏观经济风险的关联度也会越高。此外，Mitchell 和 Mulherin（1994）、潘越等（2011）指出，财务信息越透明的企业，股价暴跌风险越低；史永东和杨瑞杰（2018）的研究表明，股价下行风险与有形信息含量存在着反向关系，而与无形信息含量不存在相关关系。考虑到股价暴跌、下行与宏观经济风险存在着显著的关联性，且财务信息恰恰是有形信息的重要组成部分，本章提出以下假设。

H1a：有形信息含量越高，宏观经济风险与技术创新水平的负向关系越弱。

与有形信息含量、无形信息含量基于资本市场的角度衡量企业的信息不对称水平不同，企业透明度基于企业自身的盈余管理行为反映相应的信息不对称水平。张宗新和杨万成（2016）发现，企业通过资本市场反映出来的基本面信息或有形信息含量越高，事实上就表明了企业的透明度越高，两者呈现出显著的正相关关系。Jin 和 Myers（2006）、Kim 等（2011）认为，企业透明度的提高可以向外界传达出自身运营稳健、财务状况良好的信号，这使得企业不容易遭遇与其并不相关的市场的整体预期不佳所引发的股价大幅下跌。因此，企业透明度的提高在一定程度上可以缓解宏观经济风险对技术创新的负向影响，本章提出如下假设。

H1b：企业透明度越高，宏观经济风险与技术创新水平的负向关系越弱。

如果说有形信息、无形信息是企业信息不对称基于市场层面的反映，企业透明度是企业信息不对称基于企业自身盈余管理行为的反映，那么是否成为融资融券标的就与投资者能否利用上述信息开展不对称交易相关联。中国融资融券标的股票采用先试点后推广的模式，2010 年 3 月正式启动，2011 年 12 月、2013 年 1 月、2013 年 9 月、2014 年 9 月、2016 年 12 月、2019 年 8 月、2022 年 10 月完成第一次、第二次、第三次、第四次、第五次、第六次、第七次扩容。作为一项基本的信用交易制度，融资融券可以将买盘、卖盘的规模成倍放大，融资融券制度的实施，尤其是对卖空机制的补充结束了中国资本市场长期存在的"单边市"（不成熟的卖空机制严重阻碍了市场价格对真实信息的准确反映）。

李志生等（2015）的研究表明，融资融券制度的推出使得股票价格的跳跃风险大大降低，尤其是相应的卖空交易对防止股票价格的暴涨暴跌有着显著的抑制作用，因此，融资融券制度的推出有效地提高了中国股票市场的稳定性。陈海强和范云菲（2015）、褚剑和方军雄（2016）的研究结论与此相反，他们认为融资融券制度的推出会从两个方面对股票市场产生影响，融券交易确实降低了相应股票的波动率，但是融资交易却提高了相应股票的波动率，考虑到融资的比例远远大于融券的比例，因此融资融券制度实际上不仅没有起到稳定市场的作用，反而降低了市场的稳定性。鉴于股票市场的稳定性与宏观经济风险息息相关，通过以上研究可以肯定的是，融资融券交易与宏观经济风险存在着显著的关联性，但是方向并不确定。另外，有研究将融资融券制度与企业的技术创新相结合，权小锋和尹洪英（2017）认为融资融券制度的推出使得对应企业在技术创新投入不变的情况下显著增加技术产出，这是因为"创新激励效应"使得企业的创新效率得到了提升。郝项超等（2018）持有与之相反的观点，他们依然从融资、融券两个角度分析融资融券制度与企业技术创新的关系，融券促进了创新，而融资抑制了创新，总体而言融资融券对企业技术创新具有负面作用。基于以上截然相反的两种观点，本章提出以下对立假设。

H1c1：若企业对应股票为融资融券标的，则宏观经济风险与技术创新水平的负向关系会减弱。

H1c2：若企业对应股票为融资融券标的，则宏观经济风险与技术创新水平的负向关系会增强。

5.2　模型与方法

5.2.1　调节变量

1. 有形信息含量和无形信息含量

Daniel 和 Titman（2006）、Jiang（2010）认为，股票收益率归因于两部分：有形信息和无形信息，前者关乎基本面，后者则包含了基本面以外的所有因素。但是，他们构建的指标存在较为明显的测量误差：①经济大趋势和货币供给量等宏观因素与基本面变量不存在直接关系，全部解读为无形信息很难具有说服力；②市场不一定有效，当前的信息不一定反映在当前的股价中，甚至需要很长的时间才能在股价中得以体现，所以信息与收益不一定存在一一对应的关系；③有形信息和无形信息只与已经体现出的信息相关，而无法体现未来的信息，即还没有反映在股价中的信息（张宗新和杨通旻，2014）。本节对以上缺陷进行了修正，具体步骤如下。

首先，利用每个年度的股票周收益率进行回归，宏观经济因素和行业因素对股票收益率的贡献为方程的拟合部分，公司因素对股票收益率的贡献对应方程的残差部分，借鉴 Scholes 和 Williams（1977）、Dimson（1979）的方法，引入市场收益率、行业收益率的滞后项和超前项，以调节股票收益率与市场收益率、行业收益率的非同步性造成的影响：

$$r_{i,v} = \alpha_i + \beta_{1,i} r_{m,v-2} + \beta_{2,i} r_{m,v-1} + \beta_{3,i} r_{m,v} + \beta_{4,i} r_{m,v+1} + \beta_{5,i} r_{m,v+2} \\ + \beta_{6,i} r_{\mathrm{ind},v-2} + \beta_{7,i} r_{\mathrm{ind},v-1} + \beta_{8,i} r_{\mathrm{ind},v} + \beta_{9,i} r_{\mathrm{ind},v+1} + \beta_{10,i} r_{\mathrm{ind},v+2} + \varepsilon_{i,v} \tag{5.1}$$

其中，$r_{i,v}$ 表示第 v 周股票 i 的收益率；$r_{m,v}$ 表示第 v 周经流通市值加权的考虑现金红利再投资的综合市场收益率；$r_{\mathrm{ind},v}$ 表示第 v 周股票 i 对应的行业收益率。

其次，借鉴 Kim 和 Zhang（2016）的方法，将指代公司因素对股票收益率的贡献的残差部分进行对数化处理，并累计为季度收益率，此部分包含了基本面收益率和非基本面收益率，即"有形收益"和"无形收益"：

$$W_{i,v} = \ln\left(1 + \varepsilon_{i,v}\right) \tag{5.2}$$

$$W_{i,q} = \prod_{v=1}^{n(i,q)} \left(1 + W_{i,v}\right) - 1 \tag{5.3}$$

其中，$n(i,q)$ 表示第 q 季度股票 i 的交易周数。

再次，构建回归方程（5.4）[①]，"有形收益"对应方程的拟合部分，"无形收益"则对应方程的残差部分：

$$
\begin{aligned}
W_i(q-\tau,q) = {} & \gamma_0 + \gamma_{B1} W_i^B(q-\tau-1,q-1) + \gamma_{S1} W_i^S(q-\tau-1,q-1) \\
& + \gamma_{C1} W_i^C(q-\tau-1,q-1) + \gamma_{E1} W_i^E(q-\tau-1,q-1) \\
& + \gamma_{B2} W_i^B(q-\tau,q) + \gamma_{S2} W_i^S(q-\tau,q) \\
& + \gamma_{C2} W_i^C(q-\tau,q) + \gamma_{E2} W_i^E(q-\tau,q) \\
& + \gamma_{B3} W_i^B(q-\tau+1,q+1) + \gamma_{S3} W_i^S(q-\tau+1,q+1) \\
& + \gamma_{C3} W_i^C(q-\tau+1,q+1) + \gamma_{E3} W_i^E(q-\tau+1,q+1) \\
& + \gamma_{BM1} \mathrm{bm}_{i,q-\tau-1} + \gamma_{SP1} \mathrm{sp}_{i,q-\tau-1} + \gamma_{CP1} \mathrm{cp}_{i,q-\tau-1} + \gamma_{EP1} \mathrm{ep}_{i,q-\tau-1} \\
& + \gamma_{BM2} \mathrm{bm}_{i,q-\tau} + \gamma_{SP2} \mathrm{sp}_{i,q-\tau} + \gamma_{CP2} \mathrm{cp}_{i,q-\tau} + \gamma_{EP2} \mathrm{ep}_{i,q-\tau} \\
& + \gamma_{BM3} \mathrm{bm}_{i,q-\tau+1} + \gamma_{SP3} \mathrm{sp}_{i,q-\tau+1} + \gamma_{CP3} \mathrm{cp}_{i,q-\tau+1} \\
& + \gamma_{EP3} \mathrm{ep}_{i,q-\tau+1} + \mu_{i,q}
\end{aligned}
\tag{5.4}
$$

其中，$W_i(q-\tau,q)$、$W_i^B(q-\tau,q)$、$W_i^S(q-\tau,q)$、$W_i^C(q-\tau,q)$、$W_i^E(q-\tau,q)$ 分别表示从季度 $q-\tau$ 到季度 q 股票 i 的收益率、账面权益价值增长率、销售收入增长率、现金流量增长率、净利润增长率；$\mathrm{bm}_{i,q-\tau}$、$\mathrm{sp}_{i,q-\tau}$、$\mathrm{cp}_{i,q-\tau}$、$\mathrm{ep}_{i,q-\tau}$ 分别表示第 $q-\tau$ 季度股票 i 的账面市值比、每股销售收入与股票价格的比值、每股现金流量与股票价格的比值、每股净利润与股票价格的比值。

最后，鉴于"好信息"伴随着正的收益率而"坏信息"则相反（Daniel and Titman，

---

① 为了保证构建的指标具有代表性，Daniel 和 Titman（2006）尝试在原有的回归方程中加入上市公司的销售收入、现金流量、净利润增长率和每股的销售收入、现金流量、净利润与股票价格的比值，新指标的各项统计特征与原有指标相比差别较小；蔡庆丰和杨侃（2013）认为，针对我国 A 股市场的特点，需要在原有的回归方程中加入上市公司销售收入增长率和每股销售收入与股票价格的比值，以保证其余财务数据的加入不会对"有形收益"和"无形收益"的计算结果产生较大影响。本节进行如下处理：①考虑到"有形收益"和"无形收益"包含的因素较多，将以上变量全部引入回归方程以保证指标的稳健性；②考虑到信息与收益不一定存在一一对应的关系，即信息可能超前或滞后于股票价格，引入以上基本面变量的一阶滞后项和一阶超前项；③令 $\tau=4$，不仅避免了信息与收益的"点对点"回归，而且将时间跨度扩展为年度，与股票价格崩盘风险的数据频率相吻合；④令 $q=4,8,12,\cdots$ 从而将"有形收益""无形收益"转化为年度数据。

2006），所以"有形收益"可能意味着"好信息"也可能意味着"坏信息"，"无形收益"同样如此。本节对关乎基本面的"有形收益"和包含了基本面以外的所有因素的"无形收益"分别取绝对值，以去除其"好信息"或"坏信息"的特点，进而得到有形信息和无形信息①。

$$\text{Tangible}_{i,t} = \left| \text{Info1}_{i,t} \right| \tag{5.5}$$

$$\text{Intangible}_{i,t} = \left| \text{Info2}_{i,t} \right| \tag{5.6}$$

其中，$\text{Info1}_{i,t}$、$\text{Info2}_{i,t}$ 分别表示年度 t 时股票 i 的"有形收益"和"无形收益"；$\text{Tangible}_{i,t}$、$\text{Intangible}_{i,t}$ 分别表示年度 t 时股票 i 的有形信息和无形信息。

2. 企业透明度

企业的应计利润分为非操纵性应计利润和操纵性应计利润，后者的绝对值刻画了企业的盈余管理水平（Jones，1991）。为了提高测度盈余管理水平的精确性，Dechow 等（1995）在琼斯（Jones）模型的基础上剔除了管理层操纵赊销行为的影响，形成了修正的 Jones 模型。由于盈余管理越严格，企业透明度越低，因此，修正的 Jones 模型估计的操纵性应计利润的绝对值所表示的盈余管理水平也是企业透明度的良好衡量指标（Kim et al.，2011；Chen et al.，2017；褚剑和方军雄，2016）。本书利用修正的 Jones 模型估计年度 t 时股票 j 的操纵性应计利润，采用其绝对值衡量企业透明度，需要注意的是，该数值越大表示企业透明度越低。

3. 融资融券标的

作为一项基本的信用交易制度，融资融券可以将买盘、卖盘的规模成倍放大。鉴于中国融资融券标的股票采用先试点后推广的模式，其数量是分步扩容的。本章引入融资融券标的股票的虚拟变量，若企业股票当年属于融资融券标的股票则记为 1，否则记为 0。

5.2.2　控制变量

为了剔除其他因素的干扰，借鉴已有文献（江轩宇，2016；陆瑶等，2017；张劲帆等，2017；温军和冯根福，2018；王营和张光利，2018；张杰和郑文平，2018；赵子夜等，2018），本章加入以下控制变量：研发投入（RD）、企业规模（Size）、企业年龄（Age）、政府补贴（GS）、企业出口（EX）、产权性质

---

① 与蔡庆丰和杨侃（2013）直接将"有形收益""无形收益"与有形信息、无形信息等价的做法不同，本书的有形信息和无形信息没有"好""坏"之分，仅仅保留了"含量"的概念，这是由本书的研究目的所决定的。

（SOE）、资产负债率（Lev）、资产收益率（ROA）、总资产周转率（TAT）、流动比率（LDR）、净资产增长率（NAG）、营业收入增长率（ORG）、固定资产比例（PPE）、托宾 Q 值（TQ）、赫芬达尔指数（HI）、董事会规模（BS）、独立董事比例（RID）、股权集中度（OC）、机构持股比例（PISH）。所有变量的定义与度量方法见表 5.1。

表 5.1　变量的定义与度量方法

变量名称	符号	度量方法
宏观经济风险	β^{macro}	具体计算方法参见公式（3.1）～公式（3.11）、公式（3.16a）
创新数量	Inv_quantity	企业"申请日"提交并最终获得中国国家知识产权局授权的专利数目，其中的专利包括发明专利、实用新型专利和外观设计专利
创新质量（均值）	Inv_quality^{mean}	具体计算方法参见公式（3.17）、公式（3.18）
创新质量（中位数）	Inv_quality^{median}	具体计算方法参见公式（3.17）、公式（3.19）
研发投入	RD	企业的研发投入
有形信息含量	Tangible	具体计算方法参见公式（5.1）～公式（5.5）
无形信息含量	Intangible	具体计算方法参见公式（5.1）～公式（5.4）、公式（5.6）
企业透明度	ABACC	利用修正的 Jones 模型估计的操纵性应计利润的绝对值衡量
融资融券标的	Margin	企业股票当年属于融资融券标的股票记为 1，否则记为 0
企业规模	Size	总资产的自然对数
企业年龄	Age	成立年数加一的自然对数
政府补贴	GS	政府补贴金额的自然对数
企业出口	EX	存在出口活动记为 1，否则记为 0
产权性质	SOE	国有企业记为 1，否则记为 0
资产负债率	Lev	总负债与总资产之比
资产收益率	ROA	净利润与总资产之比
总资产周转率	TAT	销售收入与总资产之比
流动比率	LDR	流动资产与流动负债之比
净资产增长率	NAG	当年净资产相对于上年净资产的增长率
营业收入增长率	ORG	当年营业收入相对于上年营业收入的增长率
固定资产比例	PPE	固定资产与总资产之比
托宾 Q 值	TQ	市值与净资产之比
赫芬达尔指数	HI	同一行业内的所有企业采用销售收入计算的市场份额平方和
董事会规模	BS	董事人数
独立董事比例	RID	独立董事人数与董事人数之比
股权集中度	OC	前十大股东持股比例的平方和
机构持股比例	PISH	机构投资者的持股比例

5.2.3　计量模型

借鉴 Pakes 和 Griliches（1984）、Griliches（1998）、Hu 和 Jefferson（2009）的研究方法，本节在专利生产函数的基础之上，结合系统性风险与技术创新的内在联系，构建计量模型。

第一，利用回归方程（5.7）研究宏观经济风险与创新数量和质量的关系：

$$\text{Inv\_quantity}_{i,t}\left(\text{Inv\_quality}_{i,t}\right) = \varphi_0 + \varphi_1 \ln\left(\text{RD}_{i,t-1}\right) + \varphi_2 \ln\left(\text{RD}_{i,t-2}\right)$$
$$+ \varphi_3 \beta_{i,t}^{\text{macro}} + \chi_1 \text{Control}_{i,t-1} + \chi_2 \text{Ind}_i + \chi_3 \text{Year}_t + \varepsilon_{i,t}$$

$$（5.7）$$

其中，$\text{Inv\_quantity}_{i,t}$、$\text{Inv\_quality}_{i,t}$ 分别表示年度 t 时企业 i 的创新数量、创新质量，对于创新质量采用 $\text{Inv\_quality}_{i,t}^{\text{mean}}$（均值）、$\text{Inv\_quality}_{i,t}^{\text{median}}$（中位数）进行进一步刻画；$\ln\left(\text{RD}_{i,t-1}\right)$ 表示年度 $t-1$ 时企业 i 的研发投入的自然对数[①]；$\beta_{i,t}^{\text{macro}}$ 表示年度 t 时企业 i 的宏观经济风险；$\text{Control}_{i,t-1}$ 表示年度 $t-1$ 时企业 i 的控制变量序列；Ind_i 表示企业 i 的行业虚拟变量序列[②]；Year_t 表示年度 t 时的年度虚拟变量序列。

第二，利用回归方程（5.8）研究有形信息含量、无形信息含量是否会影响宏观经济风险与创新数量和质量的关系：

$$\text{Inv\_quantity}_{i,t}\left(\text{Inv\_quality}_{i,t}\right) = \varphi_0 + \varphi_1 \ln\left(\text{RD}_{i,t-1}\right) + \varphi_2 \ln\left(\text{RD}_{i,t-2}\right) + \varphi_3 \beta_{i,t}^{\text{macro}}$$
$$+ \varphi_4 \text{Tangible}_{i,t} + \varphi_5 \beta_{i,t}^{\text{macro}} \times \text{Tangible}_{i,t}$$
$$+ \varphi_6 \text{Intangible}_{i,t} + \varphi_7 \beta_{i,t}^{\text{macro}} \times \text{Intangible}_{i,t}$$
$$+ \chi_1 \text{Control}_{i,t-1} + \chi_2 \text{Ind}_i + \chi_3 \text{Year}_t + \varepsilon_{i,t}$$

$$（5.8）$$

其中，$\text{Tangible}_{i,t}$、$\text{Intangible}_{i,t}$ 分别表示年度 t 时股票 i 的有形信息含量、无形信息含量；$\beta_{i,t}^{\text{macro}} \times \text{Tangible}_{i,t}$ 表示年度 t 时企业 i 的宏观经济风险与有形信息含量的交互项；$\beta_{i,t}^{\text{macro}} \times \text{Intangible}_{i,t}$ 表示年度 t 时企业 i 的宏观经济风险与无形信息含量的交互项。

---

① Wang 和 Hagedoorn（2014）认为，专利产出受研发投入的滞后项影响，且作用形式多样，本节在回归方程（5.7）中尝试加入 $\ln\left(\text{RD}_{i,t}\right)$、$\ln\left(\text{RD}_{i,t-1}\right)$、$\ln\left(\text{RD}_{i,t-2}\right)$、$\left(\ln\left(\text{RD}_{i,t}\right)\right)^2$、$\left(\ln\left(\text{RD}_{i,t-1}\right)\right)^2$、$\left(\ln\left(\text{RD}_{i,t-2}\right)\right)^2$ 以分别刻画滞后期和对应的作用形式，发现不存在二次项的非线性作用形式，且一阶滞后项、二阶滞后项均显著。以上回归方程中研发投入的作用形式与张杰和郑文平（2018）的模型设定一致，滞后阶数略有不同，他们的模型中只有一阶滞后项显著，因此仅保留了一阶滞后项。

② 中国各个行业的发展水平差异较大、发展潜力参差不齐，本书采用中国证券监督管理委员会（以下简称中国证监会）公布的《上市公司行业分类指引》（2012 年修订）中的二级行业分类。

第三，利用回归方程（5.9）研究企业透明度是否会影响宏观经济风险与创新数量和质量的关系：

$$\text{Inv\_quantity}_{i,t}\left(\text{Inv\_quality}_{i,t}\right) = \varphi_0 + \varphi_1 \ln\left(\text{RD}_{i,t-1}\right) + \varphi_2 \ln\left(\text{RD}_{i,t-2}\right) + \varphi_3 \beta_{i,t}^{\text{macro}}$$
$$+ \varphi_4 \text{ABACC}_{i,t} + \varphi_5 \beta_{i,t}^{\text{macro}} \times \text{ABACC}_{i,t} \qquad (5.9)$$
$$+ \chi_1 \text{Control}_{i,t-1} + \chi_2 \text{Ind}_i + \chi_3 \text{Year}_t + \varepsilon_{i,t}$$

其中，$\text{ABACC}_{i,t}$ 表示年度 t 时股票 i 的企业透明度；$\beta_{i,t}^{\text{macro}} \times \text{ABACC}_{i,t}$ 表示年度 t 时企业 i 的宏观经济风险与企业透明度的交互项。

第四，利用回归方程（5.10）研究融资融券标的是否会影响宏观经济风险与创新数量和质量的关系：

$$\text{Inv\_quantity}_{i,t}\left(\text{Inv\_quality}_{i,t}\right) = \varphi_0 + \varphi_1 \ln\left(\text{RD}_{i,t-1}\right) + \varphi_2 \ln\left(\text{RD}_{i,t-2}\right) + \varphi_3 \beta_{i,t}^{\text{macro}}$$
$$+ \varphi_4 \text{Margin}_{i,t} + \varphi_5 \beta_{i,t}^{\text{macro}} \times \text{Margin}_{i,t} \qquad (5.10)$$
$$+ \chi_1 \text{Control}_{i,t-1} + \chi_2 \text{Ind}_i + \chi_3 \text{Year}_t + \varepsilon_{i,t}$$

其中，$\text{Margin}_{i,t}$ 表示年度 t 时股票 i 是否为融资融券标的；$\beta_{i,t}^{\text{macro}} \times \text{Margin}_{i,t}$ 表示年度 t 时企业 i 的宏观经济风险与是否为融资融券标的的交互项。

5.3　样本选取与统计描述

5.3.1　数据来源

本章将样本的时间范围设定为 2007～2017 年[①]，剔除 2007 年以前的数据主要是因为股权分置改革会对企业的治理水平和经营绩效产生较大影响（廖理等，2008；陈胜蓝和卢锐，2012；陈信元和黄俊，2016），会在以下两方面干扰本章的研究：①加大了由政府干预导致的股市波动性突变的风险（袁鲲等，2014），这可能会影响市场风险及其展开后的不同种类、更加细分的系统性风险，如宏观经济风险；②降低了企业现金股利的平稳性，这可能会影响技术创新的数量和质量。

本章将样本的个体范围设定为中国股票市场上的所有企业，并对初始数据进行如下处理：①为了计算市场风险及其展开后的不同种类、更加细分的系统性风险，需要采用普通最小二乘法通过滚动回归 24 个月得到样本估计值的标准误，从而与先验估计值的标准误一起，计算后验估计值的收缩权重，因此剔除不满足连续 24 个交易月度的样本；②考虑到上市企业的分公司、子公司均存在专利申请行为，手动收集每一家上市企业拥有的全部分公司、子公司的专利申请数据，加总

---

① 截至 2006 年末，沪深两市基本完成股权分置改革，仅有几十家没有完成。

形成对应上市企业的专利申请数据；③剔除金融类上市企业；④剔除 ST、*ST、PT 类上市企业；⑤剔除 2006 年末没有完成股权分置改革的上市企业；⑥剔除数据缺失的样本。

　　所有财务数据、股票交易数据均来源于中国经济金融研究数据库（China Stock Market & Accounting Research Database，CSMAR）和万得（Wind）数据库。本章从数据库中随机选取数据与上海证券交易所（以下简称上交所）、深圳证券交易所（以下简称深交所）披露的企业财务数据进行比对，以保证数据质量。专利数据来源于中国专利数据库。为了保证数据的有效性并消除异常值的影响，对所有连续变量按照 1% 的标准进行缩尾处理（winsorize）。为了避免潜在的组内自相关问题，借鉴 Petersen（2009）的方法，对所有回归方程均进行聚类稳健标准误处理。

5.3.2　描述性统计

　　表 5.2 列示了相关变量的描述性统计结果。可以发现：①采用企业"申请日"提交并最终获得中国国家知识产权局授权的专利数目度量的创新数量（Inv_quantity）、依据国际专利分类号并采用专利的知识宽度测算的创新质量（Inv_quality^{mean}、Inv_quality^{median}）的最小值和最大值的差距较为明显，说明不同企业之间的创新能力存在显著差别；②通过股票价格反映的企业承担的系统性风险中的宏观经济风险（β^{macro}）的均值为 0.413，与微观企业风险（β^{micro}）的均值 0.294、交叉传染风险（$\beta^{contagion}$）的均值 0.468 相比处于中等水平，说明企业承担的宏观经济风险并不是构成系统性风险的最为重要的部分，此外，宏观经济风险（β^{macro}）的标准差为 1.021，与微观企业风险（β^{micro}）的标准差 1.905、交叉传染风险（$\beta^{contagion}$）的标准差 1.613 相比处于较低水平，说明不同企业所承担的宏观经济风险的差异较小；③有形信息含量（Tangible）的均值和标准差远远小于无形信息含量（Intangible），这反映了股票市场上的有形信息相对较少，且更加规律；④融资融券标的（Margin）的均值较小，说明市场上的融资融券标的数量占比依然不大，从整体样本（个体、时间）的角度来看只有 7%。

表 5.2　描述性统计结果

变量	样本量	均值	标准差	最小值	最大值
β^{macro}	14 382	0.413	1.021	0.098	0.764
Inv_quantity	14 382	19.018	44.092	0	319
Inv_quality^{mean}	14 382	0.482	0.356	0.000	0.819
Inv_quality^{median}	14 382	0.447	0.302	0.000	0.807
ln(RD)	14 382	17.516	1.500	5.094	25.025

变量	样本量	均值	标准差	最小值	最大值
Tangible	14 382	0.029	0.008	0.004	0.067
Intangible	14 382	0.060	0.057	0.007	0.159
ABACC	14 382	0.065	0.063	0.010	0.142
Margin	14 382	0.070	0.187	0	1
Size	14 382	21.937	1.160	20.701	28.319
Age	14 382	2.890	1.705	0.693	3.220
GS	14 382	15.446	1.179	11.540	18.564
EX	14 382	0.334	0.215	0	1
SOE	14 382	0.518	0.406	0	1
Lev	14 382	0.527	0.189	0.056	0.960
ROA	14 382	0.028	0.064	−0.270	0.191
TAT	14 382	0.585	0.931	0.103	1.536
LDR	14 382	1.370	1.847	0.705	3.286
NAG	14 382	0.059	0.205	−0.225	0.508
ORG	14 382	0.136	0.744	−0.270	1.856
PPE	14 382	0.316	0.192	0.003	0.775
TQ	14 382	1.505	0.946	0.911	8.003
HI	14 382	0.105	0.090	0.022	0.540
BS	14 382	8.769	1.503	5	15
RID	14 382	0.376	0.059	0.332	0.575
OC	14 382	0.658	0.224	0.241	0.753
PISH	14 382	0.072	0.145	0.000	0.704

5.4　实证分析

5.4.1　基于分组下的宏观经济风险与技术创新

本节分析基于分组下的宏观经济风险与创新数量和质量的关系：首先，将每个年度的股票按照所承载的宏观经济风险从低到高进行排序并等分为 10 组；其次，计算每个组中所有企业在下个年度的创新数量（Inv_quantity）和创新质量（Inv_quality^{mean}、Inv_quality^{median}）；再次，计算每个组在下个年度的简单算术平均的创新数量和质量；最后，对每个组合下的创新数量和质量序列进行

Newey-West 稳健标准误调整后的均值 t 检验。

由表 5.3 可得，随着宏观经济风险的提升，企业组合创新数量和质量（无论是采用均值加总的 Inv_quality^{mean} 还是采用中位数加总的 Inv_quality^{median}）均呈现下降趋势，承担宏观经济风险最大的企业组合 $Q10$ 的创新数量和质量显著低于承担宏观经济风险最小的企业组合 $Q1$。这意味着，企业所承担的系统性风险中的宏观经济风险与创新数量和质量可能均存在着负相关关系。

表 5.3　基于分组下的宏观经济风险与创新数量和质量

分位点	Inv_quantity	Inv_quality^{mean}	Inv_quality^{median}
$Q1$	19.195	0.499	0.482
$Q2$	19.410	0.503	0.486
$Q3$	18.725	0.490	0.467
$Q4$	18.433	0.490	0.451
$Q5$	18.016	0.487	0.456
$Q6$	18.175	0.480	0.448
$Q7$	17.905	0.483	0.447
$Q8$	17.803	0.484	0.441
$Q9$	17.409	0.472	0.436
$Q10$	17.614	0.463	0.438
$Q10 - Q1$	−1.581***	−0.036***	−0.044**
	(−3.10)	(−2.85)	(−2.37)

注：括号内的数字为经 Newey-West 稳健标准误调整后的 t 值

***、**分别表示 1%、5%的显著性水平

5.4.2　宏观经济风险与技术创新的回归分析

表 5.4 给出了宏观经济风险与创新数量和质量关系的固定效应估计结果。我们加入了年度控制变量序列和行业控制变量序列以分别控制年度效应和行业效应，并对标准误进行了公司维度的聚类处理以解决潜在的组内自相关问题（Petersen，2009）。可以看出，宏观经济风险显著降低了创新数量（Inv_quantity）和创新质量（Inv_quality^{mean}、Inv_quality^{median}），无论是在加入控制变量序列之前还是之后均呈现显著的负相关关系，这在一定程度上保证了回归结果的稳健性。以上结果支持了 H1：宏观经济风险越高，技术创新水平越低。此外，企业规模（Size）与创新数量和质量正相关，说明了具有较强经济实力的企业可以为技术创新提供更好的支持；资产负债率（Lev）与创新数量和质量负相关，说明了还债压力较大的企业会将更多精力集中于短期经营，而不是集中于需要长期投入的

技术创新，这与潘越等（2015）的观点一致；净资产增长率（NAG）、托宾 Q 值（TQ）、独立董事比例（RID）、机构持股比例（PISH）与创新数量和质量正相关，反映了企业的快速成长、良好的发展预期是技术创新的有效支撑，完善的外部治理水平促进了企业的技术创新；固定资产比例（PPE）、董事会规模（BS）与创新数量和质量负相关，表明了较低的资金运作灵活性、冗余的内部组织结构限制了企业的技术创新水平。需要说明的是，滞后一期、滞后两期的研发投入均对当期的技术产出具有正向作用，这与专利生产函数的理论假说相一致。

表 5.4　宏观经济风险与创新数量和质量

变量	Inv_quantity		Inv_quality^{mean}		Inv_quality^{median}	
	(1)	(2)	(3)	(4)	(5)	(6)
L1.ln(RD)	4.540***	3.313***	0.089***	0.074***	0.083***	0.076***
	(2.73)	(3.27)	(3.20)	(4.10)	(3.25)	(4.28)
L2.ln(RD)	2.070**	1.502***	0.065***	0.038**	0.064***	0.041**
	(2.51)	(3.50)	(4.04)	(2.49)	(3.97)	(2.55)
β^{macro}	−9.517**	−8.709***	−0.640**	−0.445***	−0.629**	−0.381***
	(−2.02)	(−4.17)	(−2.36)	(−3.29)	(−2.40)	(−3.52)
Size		2.245*		0.117*		0.114**
		(1.82)		(1.94)		(2.01)
Age		−10.983		−1.176*		−1.357*
		(−1.04)		(−1.75)		(−1.70)
GS		0.950**		0.182		0.154
		(2.43)		(1.01)		(1.20)
EX		3.020*		0.343		0.386
		(1.88)		(0.45)		(0.62)
SOE		−2.004		−0.195*		−0.221**
		(−0.98)		(−1.89)		(−1.99)
Lev		−17.255**		−1.306*		−1.331*
		(−2.50)		(−1.69)		(−1.75)
ROA		−4.398***		−1.002*		−0.960*
		(−5.02)		(−1.74)		(−1.88)
TAT		−2.406*		−0.159		−0.223
		(−1.69)		(−0.35)		(−0.49)
LDR		5.595		0.343		0.289
		(0.80)		(1.14)		(1.03)
NAG		2.017*		0.605**		0.548**
		(1.90)		(2.45)		(2.10)

续表

变量	Inv_quantity		Inv_quality^{mean}		Inv_quality^{median}	
	（1）	（2）	（3）	（4）	（5）	（6）
ORG		7.007		0.216		0.302
		(1.51)		(0.44)		(0.64)
PPE		−1.610***		−0.077***		−0.072***
		(−6.50)		(−8.84)		(−9.36)
TQ		1.100*		0.145**		0.138**
		(1.70)		(2.43)		(2.50)
HI		0.490***		0.087***		0.090***
		(5.59)		(3.11)		(3.42)
BS		−0.117***		−0.009*		−0.010**
		(−3.53)		(−1.68)		(−2.00)
RID		2.081***		0.209***		0.197***
		(5.00)		(3.92)		(4.01)
OC		−0.119		0.002		0.002
		(−1.30)		(0.44)		(0.35)
PISH		13.450**		0.532***		0.601***
		(2.44)		(5.09)		(4.93)
行业/年度	是	是	是	是	是	是
公司聚类	是	是	是	是	是	是
Hausman-test	44.65***	63.27***	59.29***	50.34***	38.39***	44.01***
N	14 382	14 382	14 382	14 382	14 382	14 382
R^2	0.205	0.447	0.189	0.503	0.194	0.512

注：括号内的数字为经 White 稳健标准误调整后的 t 值；L1.和 L2.分别表示滞后一期和滞后两期

***、**、*分别表示 1%、5%、10%的显著性水平

第 6 章　宏观经济风险影响技术创新的进一步分析

6.1　机　理　探　究

　　本章加入有形信息含量和无形信息含量、企业透明度、融资融券标的与宏观经济风险的交互项，以分别分析资本市场角度衡量的信息不对称、企业自身盈余管理行为角度衡量的信息不对称以及融资融券机制是否会影响宏观经济风险与创新数量和质量的关系。为了确保交互项具有正确的经济学含义以及避免多重共线性的影响，我们对其进行了中心化处理。

　　由表 6.1 可得以下结论。第一，有形信息含量越高，宏观经济风险与创新数量和质量的负向关系越弱，而无形信息含量对宏观经济风险与创新数量和质量的负向关系没有产生显著影响。这说明了股票有形信息作为企业基本面的映射，能够反映企业的经营理念策略、财务状况、盈利状况、市场占有率、经营管理体制、人才构成等信息，可以使外界更加了解企业运行的真实情况，缓解宏观经济风险所营造的紧张氛围，从而减弱宏观经济风险与技术创新的负向关系。这一结果支持了 H1a：有形信息含量越高，宏观经济风险与技术创新水平的负向关系越弱。第二，企业透明度越高，宏观经济风险与创新数量和质量的负向关系越弱。这说明了运营稳健、财务状况良好的企业即便不向外界传递相关信号，仅凭借自身的有效应对就能够减小宏观经济风险对技术创新的不利影响。这一结果支持了 H1b：企业透明度越高，宏观经济风险与技术创新水平的负向关系越弱。第三，若企业股票为融资融券标的，则宏观经济风险与创新数量和质量的负向关系会减弱。结合李志生等（2015）、权小锋和尹洪英（2017）的相关研究，这表明了融资融券交易的推出，尤其是相应的卖空交易，一方面使得宏观经济层面的风险传递更加顺畅，进而减弱了交易机制不畅通所导致的风险聚集的程度，另一方面融资融券交易具有的"创新激励效应"，使得企业的创新效率得到了提升，因此企业的技术产出在技术创新投入不变的情况下显著提升。以上两个方面的作用结果支持了 H1c1：若企业对应股票为融资融券标的，则宏观经济风险与技术创新水平的负向关系会减弱，与之相反的 H1c2 被否定。

表 6.1 调节作用：有形信息含量和无形信息含量、企业透明度、融资融券标的

变量	Inv_quantity			
	（1）	（2）	（3）	（4）
β^{macro}	-8.014^{***}	-8.225^{***}	-8.707^{***}	-8.501^{***}
	（-5.05）	（-4.28）	（-4.40）	（-4.76）
Tangible	5.509^{**}			
	（2.35）			
$\beta^{macro} \times$ Tangible	1.149^{**}			
	（2.54）			
Intangible		-3.336		
		（-1.01）		
$\beta^{macro} \times$ Intangible		-2.026		
		（-1.47）		
ABACC			-0.772	
			（-1.18）	
$\beta^{macro} \times$ ABACC			-0.808^{**}	
			（-2.19）	
Margin				2.011^{*}
				（1.88）
$\beta^{macro} \times$ Margin				0.225^{***}
				（4.49）
控制变量	是	是	是	是
行业/年度	是	是	是	是
公司聚类	是	是	是	是
Hausman-test	48.90^{***}	59.31^{***}	63.80^{***}	55.10^{***}
N	14 382	14 382	14 382	14 382
R^2	0.450	0.456	0.449	0.461
变量	Inv_quality^{mean}			
	（5）	（6）	（7）	（8）
β^{macro}	-0.439^{***}	-0.442^{***}	-0.446^{***}	-0.433^{***}
	（-3.70）	（-3.35）	（-3.44）	（-3.12）
Tangible	0.995^{*}			
	（1.78）			
$\beta^{macro} \times$ Tangible	0.091^{***}			
	（4.90）			
Intangible		-0.097^{*}		
		（-1.66）		

变量	Inv_quality^{mean}			
	（5）	（6）	（7）	（8）
$\beta^{macro} \times$ Intangible		−0.112		
		（−0.73）		
ABACC			−0.061	
			（−0.38）	
$\beta^{macro} \times$ ABACC			−0.110*	
			（−1.95）	
Margin				0.363**
				（2.42）
$\beta^{macro} \times$ Margin				0.017**
				（2.50）
控制变量	是	是	是	是
行业/年度	是	是	是	是
公司聚类	是	是	是	是
Hausman-test	55.07***	67.20***	49.02***	42.94***
N	14 382	14 382	14 382	14 382
R^2	0.518	0.521	0.514	0.509

变量	Inv_quality^{median}			
	（9）	（10）	（11）	（12）
β^{macro}	−0.383***	−0.380***	−0.375***	−0.384***
	（−3.70）	（−3.41）	（−3.56）	（−3.28）
Tangible	0.987**			
	（1.99）			
$\beta^{macro} \times$ Tangible	0.090***			
	（4.53）			
Intangible		−0.095		
		（−1.52）		
$\beta^{macro} \times$ Intangible		−0.107		
		（−0.84）		
ABACC			−0.050	
			（−0.77）	
$\beta^{macro} \times$ ABACC			−0.110**	
			（−2.03）	
Margin				0.366**
				（2.25）

续表

变量	Inv_quality^{median}			
	（9）	（10）	（11）	（12）
$\beta^{macro} \times Margin$				0.016***
				（2.69）
控制变量	是	是	是	是
行业/年度	是	是	是	是
公司聚类	是	是	是	是
Hausman-test	57.75***	44.05***	39.03***	47.48***
N	14 382	14 382	14 382	14 382
R^2	0.520	0.531	0.517	0.525

注：括号内的数字为经 White 稳健标准误调整后的 t 值

***、**、*分别表示 1%、5%、10%的显著性水平

6.2　稳健性检验

6.2.1　针对技术创新的一阶滞后效应和反向因果关系的稳健性检验

第 5 章的结论表明：企业所承担的系统性风险中的宏观经济风险越高，技术创新水平越低。但是，企业承担的宏观经济风险并非完全取决于宏观经济风险本身，而是更多源自企业管理层对经营战略方向的选择和对应的资本配置比例。因此，一个可能的情况是由于企业的技术创新水平的限制，管理层为了推动企业的持续发展而选择改变原有的经营策略，如通过大举收购提高市场占有率等，与之对应的资本配置比例也会随之改变，这在一定程度上影响了企业的系统性风险承担水平，包括其对宏观经济风险的承担比例。另一个可能的情况是，企业的技术创新水平通常具有延续性和平滑性，即上一期创新水平较高的企业在当期也会具有较高的创新水平，无论是创新数量还是创新质量。结合以上两点，我们有必要针对技术创新的一阶滞后效应和反向因果关系进行稳健性检验。

本节利用系统 GMM 针对技术创新的一阶滞后效应和反向因果关系进行稳健性检验[①]。为了保证回归结果的可靠性，本节使用 Windmeijer（2005）所采用的两阶段纠偏稳健标准误。首先，企业规模、企业年龄、企业出口、产权性质、资产负债率、资产收益率、总资产周转率、流动比率、净资产增长率、营业收入增长率、固定资产比例、赫芬达尔指数、董事会规模、独立董事比例、股权集中度

---

① 为了避免在面板数据时间跨度较大的情况下差分 GMM 容易产生的弱工具变量问题（Che et al.，2013），我们选择采用系统 GMM。

相对技术创新数量和质量而言，基本不存在内生性；企业承载的系统性风险中的宏观经济风险、政府补贴、托宾 Q 值、机构持股比例与创新数量和质量之间可能存在着内生关系，我们将其设定为内生变量。其次，有形信息含量、无形信息含量、企业透明度、融资融券标的和宏观经济风险的交互项与创新数量和质量之间同样可能存在着内生关系，我们也将其设定为内生变量。最后，专利生产函数已经将企业的研发投入做了滞后处理，因此研发投入与创新数量和质量之间基本不存在内生性问题，我们将其设定为外生变量。由表 6.2 至表 6.4 可得，萨根检验和扰动项差分的二阶序列相关检验在统计上均不显著，说明不存在工具变量的过度识别问题，且扰动项不存在一阶序列相关，因此符合系统 GMM 的要求。可以看出，系统 GMM 的结果与第 5 章结果基本一致，说明第 5 章的结论是稳健的。

表 6.2　针对技术创新的一阶滞后效应和反向因果关系的稳健性检验（一）

变量	Inv_quantity			
	（1）	（2）	（3）	（4）
L1.Inv_quantity	0.230***	0.241***	0.225***	0.236***
	（6.15）	（5.14）	（5.30）	（5.45）
β^{macro}	−9.257***	−9.368***	−9.295***	−9.410***
	（−4.76）	（−4.58）	（−4.95）	（−4.63）
Tangible	5.214***			
	（2.69）			
$\beta^{macro} \times$ Tangible	1.135***			
	（2.80）			
Intangible		−3.028		
		（−0.83）		
$\beta^{macro} \times$ Intangible		−1.801		
		（−1.21）		
ABACC			−0.903	
			（−1.40）	
$\beta^{macro} \times$ ABACC			−0.857**	
			（−2.52）	
Margin				1.950*
				（1.72）
$\beta^{macro} \times$ Margin				0.200***
				（3.96）
控制变量	是	是	是	是
行业/年度	是	是	是	是
N	14 382	14 382	14 382	14 382

续表

变量	Inv_quantity			
	（1）	（2）	（3）	（4）
AR(2) 检验 p 值	0.529	0.612	0.580	0.724
萨根检验 p 值	0.627	0.571	0.692	0.419

表 6.3　针对技术创新的一阶滞后效应和反向因果关系的稳健性检验（二）

变量	Inv_quality^{mean}			
	（5）	（6）	（7）	（8）
L1.Inv_quality^{mean}	0.257***	0.260***	0.254***	0.265***
	（6.28）	（6.01）	（5.85）	（5.97）
β^{macro}	−0.465***	−0.471***	−0.469***	−0.467***
	（−3.95）	（−3.64）	（−3.72）	（−3.43）
Tangible	1.006*			
	（1.67）			
$\beta^{macro} \times$ Tangible	0.102***			
	（5.41）			
Intangible		−0.075		
		（−1.49）		
$\beta^{macro} \times$ Intangible		−0.138		
		（−1.27）		
ABACC			−0.044	
			（−0.60）	
$\beta^{macro} \times$ ABACC			−0.085**	
			（−2.25）	
Margin				0.303***
				（2.79）
$\beta^{macro} \times$ Margin				0.012**
				（2.24）
控制变量	是	是	是	是
行业/年度	是	是	是	是
N	14 382	14 382	14 382	14 382
AR(2) 检验 p 值	0.370	0.426	0.476	0.395
萨根检验 p 值	0.585	0.631	0.608	0.659

表 6.4　针对技术创新的一阶滞后效应和反向因果关系的稳健性检验（三）

变量	Inv_quality^{median}			
	（9）	（10）	（11）	（12）
L1.Inv_quality^{median}	0.254***	0.267***	0.251***	0.268***
	（6.14）	（6.25）	（5.73）	（5.88）
β^{macro}	−0.402***	−0.400***	−0.396***	−0.399***
	（−3.51）	（−3.36）	（−3.20）	（−3.27）
Tangible	0.956*			
	（1.80）			
$\beta^{macro} \times$ Tangible	0.082***			
	（3.65）			
Intangible		−0.061		
		（−1.34）		
$\beta^{macro} \times$ Intangible		−0.136		
		（−1.27）		
ABACC			−0.079	
			（−0.53）	
$\beta^{macro} \times$ ABACC			−0.088**	
			（−2.47）	
Margin				0.340**
				（2.01）
$\beta^{macro} \times$ Margin				0.019***
				（2.92）
控制变量	是	是	是	是
行业/年度	是	是	是	是
N	14 382	14 382	14 382	14 382
AR(2) 检验 p 值	0.384	0.431	0.490	0.382
萨根检验 p 值	0.574	0.623	0.586	0.651

注：括号内的数字为经 White 稳健标准误调整后的 t 值；L1.表示滞后一期

***、**、*分别表示 1%、5%、10%的显著性水平

6.2.2　针对股市周期的稳健性检验

　　"牛""熊"周期反映了经济发展的整体走向，社会、政治环境的变动以及财政、金融政策的变化（de Long et al.，1990；Siegel，1998）。陆蓉和徐龙炳（2004）发现，不同种类信息在"牛市"阶段和"熊市"阶段的传递效率差异很大，甚至相同信息在不同阶段的传递效率也具有明显的不平衡性，何兴强和李涛（2007）进一步从投资者反应过度、反应不足的角度论证了以上观点。结合本书的研究目

的和内容,对宏观经济风险的准确测量依赖于动态混合 β 测度下的资产定价模型,可有效识别不同种类的系统性风险,而有效识别是基于股票价格的,因此可能会受到"牛""熊"周期的影响。不仅如此,"牛""熊"周期对企业的研发投入同样具有重要影响,一般认为,企业在经济萧条时期普遍不愿意进行较大规模的投资,而在经济高涨时期则更加愿意进行长期投资(Rajan and Zingales,1998;Peneder,2008;Chava et al.,2013),技术创新需要占用企业大量的研发经费,且一般需要持续较长时期才能取得成果。鉴于"牛""熊"周期不仅可能会影响企业所承担的宏观经济风险,还可能会对其技术创新产生干扰,有必要针对样本区间内的"牛市"和"熊市"进行子样本回归。

鉴于第 5 章回归方程的样本频率为年度,因此我们采用经流通市值加权的上证 A 股指数年收盘价判断对应年度的"牛""熊"状态。划分结果如下:"牛市"阶段——2007 年、2009 年、2012 年、2014 年、2015 年、2017 年;"熊市"阶段——2008 年、2010 年、2011 年、2013 年、2016 年。受限于子样本的数据量和时间跨度,以及为避免自由度的大量损失,我们去除了年度控制变量序列和行业控制变量序列,并采用混合普通最小二乘法(pooled OLS)估计。表 6.5 列示了宏观经济风险与创新数量之间关系的稳健性检验结果,股票市场的"牛""熊"周期没有影响本书的主要结论:宏观经济风险越高,创新数量越少;有形信息含量越高,宏观经济风险与创新数量的负向关系越弱;企业透明度越高,宏观经济风险与创新数量的负向关系越弱;若企业对应股票为融资融券标的,则宏观经济风险与创新数量的负向关系会减弱。

表 6.5　针对股市周期的稳健性检验:创新数量(Inv_quantity)

变量	牛市			
	(1)	(2)	(3)	(4)
β^{macro}	-5.007^{***}	-5.191^{***}	-5.104^{***}	-5.080^{***}
	(-3.60)	(-3.32)	(-3.40)	(-3.51)
Tangible	2.782^{*}			
	(1.76)			
$\beta^{\text{macro}} \times \text{Tangible}$	1.002^{***}			
	(2.89)			
Intangible		-2.380		
		(-0.96)		
$\beta^{\text{macro}} \times \text{Intangible}$		-2.802		
		(-1.09)		
ABACC			-1.241^{*}	
			(-1.68)	

变量	牛市			
	（1）	（2）	（3）	（4）
$\beta^{\text{macro}} \times \text{ABACC}$			-0.552^{**}	
			(-2.51)	
Margin				1.490^{**}
				(1.97)
$\beta^{\text{macro}} \times \text{Margin}$				0.172^{***}
				(3.60)
控制变量	是	是	是	是
N	8197	8197	8197	8197
R^2	0.307	0.295	0.310	0.299

变量	熊市			
	（5）	（6）	（7）	（8）
β^{macro}	-9.446^{***}	-9.671^{***}	-9.502^{***}	-9.559^{***}
	(-5.29)	(-4.50)	(-4.67)	(-4.96)
Tangible	4.114^{**}			
	(2.09)			
$\beta^{\text{macro}} \times \text{Tangible}$	1.108^{**}			
	(2.20)			
Intangible		-2.115		
		(-0.65)		
$\beta^{\text{macro}} \times \text{Intangible}$		-2.709		
		(-1.06)		
ABACC			-0.996^{*}	
			(-1.76)	
$\beta^{\text{macro}} \times \text{ABACC}$			-0.490^{***}	
			(-3.54)	
Margin				2.303^{**}
				(2.41)
$\beta^{\text{macro}} \times \text{Margin}$				0.171^{***}
				(3.17)
控制变量	是	是	是	是
N	6185	6185	6185	6185
R^2	0.332	0.326	0.310	0.321

注：括号内的数字为经 White 稳健标准误调整后的 t 值

***、**、*分别表示 1%、5%、10%的显著性水平

表 6.6 列示了宏观经济风险与创新质量之间关系的稳健性检验结果（我们同样去除了年度控制变量序列和行业控制变量序列并采用 pooled OLS 估计），股票市场的"牛""熊"周期没有影响本书的主要结论：宏观经济风险越高，创新质量越低；有形信息含量越高，宏观经济风险与创新质量的负向关系越弱；企业透明度越高，宏观经济风险与创新质量的负向关系越弱；若企业对应股票为融资融券标的，则宏观经济风险与创新质量的负向关系会减弱。结合表 6.5 的回归结果，H1、H1a、H1b、H1c1 依然成立。

表 6.6　针对股市周期的稳健性检验：创新质量（ $\mathrm{Inv\_quality}^{\mathrm{median}}$ ）

变量	牛市			
	（1）	（2）	（3）	（4）
β^{macro}	-0.302^{***}	-0.305^{***}	-0.304^{***}	-0.300^{***}
	（-3.09）	（-2.97）	（-2.99）	（-3.06）
Tangible	0.610^{*}			
	（1.68）			
$\beta^{\mathrm{macro}} \times$ Tangible	0.112^{***}			
	（4.94）			
Intangible		-0.082		
		（-1.01）		
$\beta^{\mathrm{macro}} \times$ Intangible		-0.144		
		（-0.96）		
ABACC			-0.067	
			（-0.90）	
$\beta^{\mathrm{macro}} \times$ ABACC			-0.072^{***}	
			（-3.97）	
Margin				0.210^{**}
				（2.53）
$\beta^{\mathrm{macro}} \times$ Margin				0.010^{***}
				（3.77）
控制变量	是	是	是	是
N	8197	8197	8197	8197
R^2	0.419	0.424	0.422	0.420
变量	熊市			
	（5）	（6）	（7）	（8）
β^{macro}	-0.359^{***}	-0.352^{***}	-0.357^{***}	-0.360^{***}
	（-5.90）	（-5.67）	（-5.88）	（-5.78）
Tangible	0.795^{*}			
	（1.81）			

续表

变量	熊市			
	（5）	（6）	（7）	（8）
$\beta^{macro} \times$ Tangible	0.066***			
	（3.98）			
Intangible		−0.113		
		（−1.08）		
$\beta^{macro} \times$ Intangible		−0.125		
		（−0.43）		
ABACC			−0.057	
			（−0.41）	
$\beta^{macro} \times$ ABACC			−0.146***	
			（−2.66）	
Margin				0.095*
				（1.90）
$\beta^{macro} \times$ Margin				0.023***
				（3.43）
控制变量	是	是	是	是
N	6185	6185	6185	6185
R^2	0.453	0.457	0.451	0.456

注：括号内的数字为经 White 稳健标准误调整后的 t 值

***、**、*分别表示 1%、5%、10%的显著性水平

6.2.3 其他稳健性检验

此外，本章还做了以下稳健性检验：①在回归方程中引入交易所虚拟变量以控制上交所、深交所在发行制度、信息披露制度、投资者构成等方面存在的差异；②为了防止股票的换手率对单一股票所承担的宏观经济风险的潜在影响，我们除了在回归方程中引入换手率变量之外，还按照股票的换手率进行排序，针对高换手率和低换手率组合进行了子样本回归；③无论是 CAPM、Fama-French 三因子模型、Carhart 四因子模型、Fama-French 五因子模型，还是动态混合 β 模型，其测度的系统性风险都会受到无风险收益率的影响，我们以三个月期限的定期存款利率除以 3 代替一年期的定期存款利率除以 12 表示无风险收益率。所有稳健性检验的结果与第 5 章的结果基本一致，说明第 5 章的结论是稳健的。

6.3　小　　结

本章主要研究了企业承担的系统性风险中的宏观经济风险与技术创新的关系，在此基础之上探讨了有形信息含量和无形信息含量、企业透明度、融资融券标的是否会影响宏观经济风险与技术创新的关系，进而挖掘宏观经济风险影响企业技术创新的作用机理和传导路径。首先，采用分组排序的方法分析宏观经济风险与创新数量和质量之间的关系，发现企业所承担的系统性风险中的宏观经济风险与创新数量和质量均存在着负相关关系。其次，通过回归方法实证分析宏观经济风险与创新数量和质量之间的关系，以及有形信息含量、无形信息含量、企业透明度、融资融券标的对宏观经济风险与创新数量和质量之间关系的影响，研究结果显示：①宏观经济风险越高，技术创新水平越低；②有形信息含量越高，宏观经济风险与技术创新水平的负向关系越弱；③企业透明度越高，宏观经济风险与技术创新水平的负向关系越弱；④若企业对应股票为融资融券标的，则宏观经济风险与技术创新水平的负向关系会减弱。最后，针对以上实证分析的回归结果进行了相应的稳健性检验。

第 7 章 微观企业风险与技术创新

本章主要研究了企业承担的系统性风险中的微观企业风险（选取标准的马尔可夫链，采用动态混合 β 测度模型基于贝叶斯估计所得）与技术创新的关系，对于微观企业风险与技术创新的关系，本书第 2 章已经进行了详细的介绍和说明，因此，本章假设提出部分的主要目的在于描述地方官员变更、管理者的过度自信、投资者的过度自信和损失厌恶与微观企业风险之间的潜在联系，以及它们影响微观企业风险与技术创新之间关系的潜在途径。除了假设提出部分，其他部分的内容安排如下：模型与方法部分，介绍地方官员变更、管理者的过度自信、投资者的过度自信和损失厌恶指标的详细度量方法，以及控制变量的选取和相应的计量模型；样本选取与统计描述部分，详细说明本章研究内容的数据来源，并给出对应的描述性统计结果；实证分析部分，采用分组排序的方法分析微观企业风险与创新数量和质量之间的关系，观察相应的趋势是否显著，并通过回归方法实证分析微观企业风险与创新数量和质量之间的关系。

7.1 假 设 提 出

微观企业风险一般是指仅对某个企业的经营状况产生影响的风险，例如，企业在对应行业中面临的竞争风险，上游的原材料供应商、下游的客户以及相关的合作伙伴之间的关系是否保持稳定，包括董事长、总经理、财务人员、技术人员等在内的企业组织网络能否高效运转等。通常认为，微观企业风险对于企业的影响更为直接，许多企业都会针对自身的技术实力、行业特性、组织治理结构、上下游的供应链关系，实施与之匹配的风险管理措施和内部控制流程。

首先，微观企业风险对技术创新的影响可以从技术风险的角度加以分析（Mansfield，1963；Macnaghten，2016；Parker and van Alstyne，2018）。一般认为，技术层面的因素是技术创新过程的源头，大量企业的技术创新失败皆源于此，所以，技术风险是技术创新需要面对的首要风险，如果企业没有应对这一风险的能力，往后的技术创新都是"纸上谈兵"，不具有可操作性。此外，技术创新的行业竞争异常激烈，相关领域的企业都愿意付出较高的研发成本以求得未来在某些领域超越其他竞争对手的领先优势，甚至不惜以"赌博"的方式进行，一些行业领导者"走下神坛"的主要原因便是技术竞争的落败，他们在取得领先优势的时候具有其他企业无法比拟的竞争优势，而最终的落败则是没能有效应对技术风险所致，其中大部分都是源于没能选对技术创新的未来方向，以至于在新的技术革命之后逐渐趋于黯淡，因此，技术风险是影响企业技术创新的关键因素。

其次，微观企业风险对技术创新的影响可以从财务风险的角度加以分析（Bhagat and Welch，1995；Zahra，1996；Baker et al.，2002；Chiao，2002；Gans et al.，2002；Levin，2003；Green，2004；唐清泉和徐欣，2010；Acharya and Xu，2017）。企业的技术创新需要长期的规划，并在考虑其他企业的研发方向之后制定相关的创新战略，这一战略需要长期坚持并不断进行细节层面的调整，以适应不断变化的竞争形势，而且确保稳健的财务状况是非常重要的，避免相关的财务风险是技术创新获得成功的关键，虽然技术创新过程中的风险各异，但是财务风险始终贯穿其中，这也是一些企业试图从不同金融机构处取得贷款的主观原因，这些企业通过在一定程度上分散财务风险减弱其对技术创新的影响。此外，企业的负债比例越高，则 R&D 投资越少，技术创新的能力也越低，其可能的原因是企业的负债限制了企业用于研发投入的激励，与权益融资不同，债务融资的定期偿还性需要企业保持稳定的现金流，而技术创新的特点恰恰是前期需要大量投入以及未来一定期限内、一定概率下无法收回成本，由于债务杠杆越高则企业承担的信用风险越大，因此，信用风险越大的企业创新能力越低。

再次，微观企业风险对技术创新的影响可以从组织架构风险的角度加以分析（Teece，1986；Nelson，1993；Ferrary，2010；Arena et al.，2017）。技术创新的本质是"旧发明"的"新整合"，商业化是其中最为关键的因素，而商业化与企业的组织形式存在紧密的联系，企业不仅需要为技术创新投入资本，更需要为技术创新改变原有的组织架构，缺一不可，且对于人力资本的投入还需要根据不同的环境做出调整，以适应不同的地域和年代，因此这一风险具有更多的"艺术性"成分，其对于企业技术创新的影响非常大且更加难以应对。此外，不同企业之间的资源流动越来越频繁，尤其是人才的流动，与企业技术创新的持久性相结合，单一企业的特殊技术水平差异并不是决定性因素，特别是许多新兴技术刚刚诞生不久，这对于不同企业来说都不存在相对于其他竞争对手的大幅度领先优势，因此，能够确保技术创新不断推进的主要原因就是企业组织的运行效率保持高水平，所以，企业组织的效率下滑风险是技术创新面临的最大的风险。

最后，微观企业风险对技术创新的影响可以从企业整体运营流程的角度加以分析（Freeman et al.，1982；Otway and von Winterfeldt，1982；Belev，1989；Storey and Easingwood，1993；Chandler and Hanks，1994；Aboody and Lev，2000；Hall，2002；Massa and Tucci，2013；Tsinopoulos et al.，2018）。技术创新是多种因素联合作用的结果，研发仅仅是其中的一环，其后的组织建设、同业竞争、占领市场等一系列过程才是技术创新的重点，那些商业失败、没有市场成果的技术创新，多半都会面临失败。事实上，对于技术创新最为有效的衡量标准就是其市场占有率和商业化应用水平，难的不是在实验室中产生想法，而是如何将这个想法在商业化的环境中落地。实际情况是，如果将企业组织的各个部门拆开来看，则会发现仅仅在某一方面或某一环节达到高技术水平并不困难，但是技术创新的难点恰恰在于需要将企业各个部门的高技术研究融为一体并赋予产品。基于以上不同角度的归纳与分析，本章提出以下假设。

H2：微观企业风险越高，技术创新水平越低。

杨海生等（2015）发现，地方官员变更会导致经济政策不连续，相应的资源配置效率和财政效率都会受到影响。罗党论等（2016）发现，官员变更所导致的政策不确定会对地方经济发展造成重要影响，尤其是对于地方企业的经营、投资、融资等活动，进一步的研究表明地方官员变更加大了相关企业面临的风险，这一风险的影响范围包括企业经营的各个方面。刘海洋等（2017）的研究结果显示，地方官员变更甚至关系到企业的兴衰，官员变更越频繁，企业的倒闭风险越大，相关的影响因素包括：政策的不连续实施、政企关系的重新调整等。官员任期越稳定的地区，企业的经营风险越低。鉴于企业经营行为与微观企业风险、技术创新的关联性，地方官员变更势必会对微观企业风险和企业的技术创新产生交互影响，据此，本章提出以下假设。

H2a：若企业所在区域有地方官员变更，则微观企业风险与技术创新水平的负向关系会增强。

余明桂等（2006）认为，过度自信的管理者会采取激进的债务融资决策，相关的债务融资期限也会更长，这在一定程度上增大了企业面临的流动性风险和经营风险。姜付秀等（2009）的研究表明，类似于中国这样处于转轨经济周期的新兴市场国家的企业管理者一般存在非常强烈的扩张冲动，尤其是当企业拥有较为充裕的现金流时，管理者提升企业的总投资水平的行为会增大企业未来可能面临的财务困境风险，这一结论与陈凤和吴俊杰（2014）的研究结论一致。余明桂等（2013）的研究结果显示，管理者的过度自信会对企业自身的风险承担产生影响，管理者的过度自信水平越高，则企业盈利的波动性、资本配置效率的不确定性等也会越高。徐朝辉和周宗放（2016）发现，管理者的过度自信是一种非理性行为，过度自信的管理者通常喜欢采取多元化的经营策略，这在相当程度上提高了企业的信用风险。结合微观企业风险与管理者的过度自信水平之间的关系，本章提出以下假设。

H2b：管理者的过度自信水平越高，微观企业风险与技术创新水平的负向关系越强。

股票交易的背后隐藏着各种各样的投资者行为，根据交易方式的不同，可以定义两种不同的投资者行为，即过度自信和损失厌恶。过度自信的投资者对自身能力的评估高过自己的实际能力（Gigerenzer et al., 1991），这种特征不仅存在于个人投资者中，而且广泛存在于机构投资者中。损失厌恶的投资者对于损失的敏感程度远远高于收益，尽可能地在当前条件下避免损失是其投资决策的首要考虑因素（Barberis and Huang，2001）。

过度自信的投资者较少关注公司的盈余信息披露情况，他们确信自己能够比他人更为准确地预测公司的未来盈余（Easterwood and Nutt，1999），实证结果却显示，他们对公司未来盈余的预测精度低于平均水平（Hales，2007），过度自信的投资者通常倾向于过度交易，这使得股票价格不仅距离真实价值越来越远，而且呈现出大幅波动的特征。Barberis 和 Huang（2001）将损失厌恶与心理账户这两个行为概念相结合，发现损失厌恶的投资者对财务数据等"看得见摸得着"的信息更为敏感。组合保险策略是损失厌恶的投资者最为常用的投资策略，在假定资产价格服从伊藤过程的前提下，投资者会不断调整组合中各项资产的比例以降低实际价格远高于理论价格的标的权重（Berkelaar et al.，2004），Gomes（2005）进一步指出，当投资收益超过某一临界值时，损失厌恶的投资者会加速这一过程，即当股票的实际价格稍高于理论价格的时候就予以大量卖出，以避免遭受损失，以上行为的综合作用表现为股票价格波动率显著降低以及市场价格与真实价值之间的差距缩小。鉴于投资者的过度自信和损失厌恶与单一股票风险之间的联系，有理由相信两者会对微观企业风险与技术创新的关系起调节作用，本章提出以下假设。

H2c：投资者的过度自信水平越高，微观企业风险与技术创新水平的负向关系越强。

H2d：投资者的损失厌恶程度越高，微观企业风险与技术创新水平的负向关系越弱。

7.2　模型与方法

7.2.1　调节变量

1. 地方官员变更

一般认为，官员的变更预示着政策的不确定（Alesina and Perotti，1996）。借鉴罗党论等（2016）的方法，本章将地方官员变更变量拆分为市委书记变更变量（Shuji）和市长变更变量（Shizhang）。考虑到新任官员从上任到对当地产生实际影响存在一定程度的时滞（Li and Zhou，2005；张军和高远，2007），我们定义时间标准为：新任官员在 1～6 月就职，则当年为变更年；新任官员在 7～12 月就职，则下一年为变更年。

2. 管理者的过度自信

对于管理者的过度自信水平的衡量，Malmendier 和 Tate（2008）以及 Hirshleifer 等（2012）认为，股票期权的行使状况以及权威媒体的评价是管理者的过度自信水平的较好的代理变量。然而，国内实施股票期权的时间较短，一些企业根本不存在股票期权奖励，此外，国内权威媒体的口径一致性很高，且没有相对严格的判断依据，难以形成针对不同管理者的可以量化的评价标准。本书借鉴江伟（2010）、余明桂等（2013）的方法，通过总经理的五项个人特征构建一个综合变量以描述管理者的过度自信水平。

以上提到的五项个人特征如下。第一，性别。Byrnes 等（1999）指出，虽然男性、女性都存在一定程度的过度自信，但是相对来说，女性更加保守且谨慎。我们定义如果总经理为男性，则记为 1，否则记为 0。第二，年龄。江伟（2010）认为，管理者随着年龄的增大会逐渐趋向于保守，更加不愿意冒险，也能够更为清晰地意识到自身的能力和技术水平。因此，我们定义如果管理者的年龄小于样本的平均年龄，则记为 1，否则记为 0。第三，学历。受教育程度越高的人越相信自身的技能，他们认为自己可以做出超过平均水准的判断，进而表现出更高程度的过度自信（Schrand and Zechman，2012）。我们选择本科作为基准，如果总经理的学历为本科以上，则记为 1，否则记为 0。第四，教育背景。Malmendier 和 Tate（2005）的研究表明，有经管类教育背景的管理者通常有着更为深刻的风险-收益考量，过度自信水平理应较低。我们将总经理不具备经管类教育背景记为 1，否则记为 0。第五，是否具备双重职务。总经理具备双重职务（兼任董事长）会提高其内心深处对自身能力的认可度，大大提高平时决策中的过度自信水平（Schrand and Zechman，2012）。因此，我们将总经理具备双重职务记为 1，否则记为 0。

之所以选择五项个人特征联合刻画管理者的过度自信水平，是因为任何单独一项信息都可能存在片面性或数据偏差。本章对以上五项个人特征的取值进行求和，如果结果为 4 或 5，则将管理者的过度自信水平记为 1，否则记为 0。

3. 投资者的过度自信和损失厌恶

Odean（1998，1999）、李心丹等（2002）、谭松涛和王亚平（2006）、廖理等（2013）对于投资者行为的测度基于个人交易数据，考虑到本书的研究涉及 A 股市场上的所有公司，采用单一券商或交易所的抽样数据不仅难以覆盖全部样本，而且会产生较为严重的样本选择问题，此外，在当前越来越重视隐私保密及信息安全的大背景下，利用个人账户信息研究投资者行为也越来越困难。那么，能否直接采用个股数据（如换手率的各类统计量）刻画投资者行为呢？从某种意义来说，国内市场的换手率过高更多是炒作的结果，其与资金流动有着较高的相关性，而与投资者本身的行为特征（如过度自信和损失厌恶）关系不大，换句话说，作为一种特征变量，它不应该随时间的推移而变化得太快，因此，如何从行情数据中将投资者行为产生的换手率分离出来是一个难题。

Statman 等（2006）进行了开创性的研究，基于 Odean（1998）、Gervais 和 Odean（2001）的理论模型，他们发现较高的收益率会引发投资者的自我归因偏差，他们会高估自身拥有的信息的精确度，进而产生过度自信，可以用收益率能够解释的换手率刻画投资者的过度自信水平。然而，Barberis 和 Huang（2001）、Gomes（2005）、Fortin 和 Hlouskova（2015）的研究表明，过去的收益率对于当前换手率的影响不仅体现在投资者的过度自信上，还体现在损失厌恶等其他投资者行为上。本章通过如下步骤提取投资者行为产生的换手率，并构造投资者过度自信和损失厌恶的度量指标。

首先，根据 Statman 等（2006）、Chuang 和 Lee（2006）的思路[①]，构建一个具有约束的两变量移动平均模型以判断每个年度、每只股票交易的背后是否存在过度自信、损失厌恶等投资者行为，即检验收益率与换手率的 Granger 因果关系，由于式（7.1）中收益率与换手率之间存在内生性，因此，采用近似不相关回归进行估计：

$$\text{Turnover}_w = \alpha_{1,1} + \alpha_{1,2}|r_w| + \sum_{j=1}^{P}\left(\beta_{1,j}\text{Turnover}_{w-j}\right) + \sum_{j=1}^{P}\left(\gamma_{1,j}r_{w-j}\right) + \varepsilon_{1,w} \qquad (7.1)$$

$$r_w = \alpha_{2,1} + \sum_{j=1}^{P}\left(\beta_{2,j}\text{Turnover}_{w-j}\right) + \sum_{j=1}^{P}\left(\gamma_{2,j}r_{w-j}\right) + \varepsilon_{2,w} \qquad (7.2)$$

其中，P 表示赤池信息量准则（Akaike information criterion，AIC）所确定的滞后阶数；r_w 表示第 w 周的收益率；$|r_w|$ 表示第 w 周收益率的绝对值，以此控制同期相关的影响；Turnover_w 表示第 w 周的换手率。

其次，若通过 Granger 因果关系检验得出收益率为换手率的原因，即 $\gamma_{1,j}=0(\forall j)$ 的联合检验被拒绝，则说明股票交易的背后存在过度自信、损失厌恶等投资者行为，此时进一步将换手率分解为投资者行为产生的部分以及资金流动等因素产生的部分[②]；否则，说明股票交易的背后不存在过度自信、损失厌恶等

---

① 与 Chuang 和 Lee（2006）通过市场换手率、市场收益率分析市场交易的背后是否存在过度自信、损失厌恶等投资者行为不同，本书通过个股换手率、个股收益率分析个股交易的背后是否存在过度自信、损失厌恶等投资者行为。

② Chuang 和 Lee（2006）先对换手率去趋势化再进行分解，其回归方程中不包含换手率的滞后项，鉴于当前换手率可能会受过去换手率的影响（本书通过序列相关检验发现：大多数股票的换手率具有显著的 AR(1)、AR(2)性质），为了避免出现信息损失问题，我们将换手率的分解和去趋势化同时进行，即将换手率的滞后项引入回归方程中。

投资者行为，资金流动等因素是股票交易的主要原因，令该年度、该只股票的投资者过度自信水平和损失厌恶程度等于 0，不再进行式（7.3）～式（7.7）的计算。

$$\text{Turnover}_w = \alpha_0 + \sum_{j=1}^{P}\left(\alpha_j \text{Turnover}_{w-j}\right) + \sum_{j=1}^{P}\left(\beta_j r_{w-j}\right) + \varepsilon_w$$

$$= \sum_{j=1}^{P}\left(\beta_j r_{w-j}\right) + \left[\alpha_0 + \sum_{j=1}^{P}\left(\alpha_j \text{Turnover}_{w-j}\right) + \varepsilon_w\right] \quad (7.3)$$

$$= \text{Turnover}_w^I + \text{Turnover}_w^{\text{no}}$$

其中，P 表示 AIC 所确定的滞后阶数；r_w 表示第 w 周的收益率；Turnover_w 表示第 w 周的换手率；Turnover_w^I 表示第 w 周的投资者行为产生的换手率；$\text{Turnover}_w^{\text{no}}$ 表示第 w 周的资金流动等因素产生的换手率。

再次，借鉴 Odean（1998，1999）、古志辉等（2011）的方法，将股票换手率一阶差分的均值作为投资者的过度自信水平的代理变量：投资者过度自信会倾向于提高交易频率，那么周换手率的一阶差分大于 0；投资者缺乏自信会倾向于降低交易频率，此时周换手率的一阶差分小于 0。为了准确测度投资者的过度自信水平，采用投资者行为产生的换手率，即过滤资金流动等因素之后的换手率，计算方法如下：

$$\text{Overconfidence}_{i,t} = \frac{\sum\left(\text{Turnover}_{i,w}^I - \text{Turnover}_{i,w-1}^I\right)}{n(i,t)} \quad (7.4)$$

其中，$\text{Turnover}_{i,w}^I$ 表示第 w 周股票 i 的投资者行为产生的换手率；$n(i,t)$ 表示第 t 年股票 i 的交易周数；$\text{Overconfidence}_{i,t}$ 表示第 t 年股票 i 的投资者的过度自信水平，数值越大表示过度自信水平越高。

最后，借鉴古志辉等（2011）的方法，将股价上涨阶段的平均换手率和股价下跌阶段的平均换手率之差作为投资者的损失厌恶程度的代理变量，背后的逻辑是：在股价上涨阶段，损失厌恶的投资者倾向于卖出盈利的股票而买入其他投资组合；在股价下跌阶段，这些投资者较少参与市场交易。为了准确测度投资者的损失厌恶程度，采用投资者行为产生的换手率，即过滤资金流动等因素之后的换手率，计算方法如下：

$$\text{Aversion}_{i,t} = \frac{\sum_{\text{UP}} \text{Turnover}_{i,w}^I}{n_u(i,t)} - \frac{\sum_{\text{DOWN}} \text{Turnover}_{i,w}^I}{n_d(i,t)} \quad (7.5)$$

$$\text{UP}: r_{i,w} \geqslant \frac{\sum r_{i,w}}{n(i,t)} \quad (7.6)$$

$$\text{DOWN}: r_{i,w} < \frac{\sum r_{i,w}}{n(i,t)} \tag{7.7}$$

其中，$\text{Turnover}_{i,w}^{l}$ 表示第 w 周股票 i 的投资者行为产生的换手率；$n_u(i,t)$、$n_d(i,t)$ 分别表示第 t 年股票 i 的价格上涨周数和价格下跌周数，判定标准为第 w 周股票 i 的收益率大于和小于平均收益率；$\text{Aversion}_{i,t}$ 表示第 t 年股票 i 的投资者的损失厌恶程度，数值越大表示损失厌恶程度越高。

7.2.2　控制变量

为了剔除其他因素的干扰，借鉴已有文献（江轩宇，2016；陆瑶等，2017；张劲帆等，2017；温军和冯根福，2018；王营和张光利，2018；张杰和郑文平，2018；赵子夜等，2018），本章加入以下控制变量：研发投入（RD）、企业规模（Size）；企业年龄（Age）、政府补贴（GS）、企业出口（EX）、产权性质（SOE）、资产负债率（Lev）、资产收益率（ROA）、总资产周转率（TAT）、流动比率（LDR）、净资产增长率（NAG）、营业收入增长率（ORG）、固定资产比例（PPE）、托宾 Q 值（TQ）、赫芬达尔指数（HI）、董事会规模（BS）、独立董事比例（RID）、股权集中度（OC）、机构持股比例（PISH）。所有变量的定义与度量方法见表 7.1。

表 7.1　变量的定义与度量方法

变量名称	符号	度量方法
微观企业风险	β^{micro}	具体计算方法参见公式（3.1）～公式（3.9）、公式（3.12）、公式（3.13）、公式（3.16b）
创新数量	Inv_quantity	企业"申请日"提交并最终获得中国国家知识产权局授权的专利数目，其中的专利包括发明专利、实用新型专利和外观设计专利
创新质量（均值）	Inv_quality^{mean}	具体计算方法参见公式（3.17）、公式（3.18）
创新质量（中位数）	Inv_quality^{median}	具体计算方法参见公式（3.17）、公式（3.19）
研发投入	RD	企业的研发投入
市委书记变更	Shuji	企业所在地的市委书记发生变更记为 1，否则记为 0
市长变更	Shizhang	企业所在地的市长发生变更记为 1，否则记为 0
管理者的过度自信水平	Over_manager	若五项衡量管理者个人特征的虚拟变量取值之和大于、等于 4，则表明管理者过度自信，记为 1，否则记为 0
投资者的过度自信水平	Overconfidence	具体计算方法参见公式（7.1）～公式（7.4）
投资者的损失厌恶程度	Aversion	具体计算方法参见公式（7.1）～公式（7.3）、公式（7.5）～公式（7.7）
企业规模	Size	总资产的自然对数
企业年龄	Age	成立年数加一的自然对数

续表

变量名称	符号	度量方法
政府补贴	GS	政府补贴金额的自然对数
企业出口	EX	存在出口活动记为 1，否则记为 0
产权性质	SOE	国有企业记为 1，否则记为 0
资产负债率	Lev	总负债与总资产之比
资产收益率	ROA	净利润与总资产之比
总资产周转率	TAT	销售收入与总资产之比
流动比率	LDR	流动资产与流动负债之比
净资产增长率	NAG	当年净资产相对于上年净资产的增长率
营业收入增长率	ORG	当年营业收入相对于上年营业收入的增长率
固定资产比例	PPE	固定资产与总资产之比
托宾 Q 值	TQ	市值与净资产之比
赫芬达尔指数	HI	同一行业内的所有企业采用销售收入计算的市场份额平方和
董事会规模	BS	董事人数
独立董事比例	RID	独立董事人数与董事人数之比
股权集中度	OC	前十大股东持股比例的平方和
机构持股比例	PISH	机构投资者的持股比例

7.2.3　计量模型

借鉴 Pakes 和 Griliches（1984）、Griliches（1998）、Hu 和 Jefferson（2009）的研究方法，本节在专利生产函数的基础之上，结合系统性风险与技术创新的内在联系，构建计量模型。

第一，利用回归方程（7.8）研究微观企业风险与创新数量和质量的关系：

$$\text{Inv\_quantity}_{i,t}\left(\text{Inv\_quality}_{i,t}\right) = \varphi_0 + \varphi_1 \ln\left(\text{RD}_{i,t-1}\right) + \varphi_2 \ln\left(\text{RD}_{i,t-2}\right) + \varphi_3 \beta_{i,t}^{\text{micro}} \\ + \chi_1 \text{Control}_{i,t-1} + \chi_2 \text{Ind}_i + \chi_3 \text{Year}_t + \varepsilon_{i,t} \tag{7.8}$$

其中，$\text{Inv\_quantity}_{i,t}$、$\text{Inv\_quality}_{i,t}$ 分别表示年度 t 时企业 i 的创新数量、创新质量，对于创新质量采用 $\text{Inv\_quality}_{i,t}^{\text{mean}}$（均值）、$\text{Inv\_quality}_{i,t}^{\text{median}}$（中位数）进行进一步刻画；$\ln\left(\text{RD}_{i,t-1}\right)$ 表示年度 t–1 时企业 i 的研发投入的自然对数[①]；$\beta_{i,t}^{\text{micro}}$ 表

---

① Wang 和 Hagedoorn（2014）认为，专利产出受研发投入的滞后项影响，且作用形式多样，本节在回归方程（7.8）中尝试加入 $\ln\left(\text{RD}_{i,t}\right)$、$\ln\left(\text{RD}_{i,t-1}\right)$、$\ln\left(\text{RD}_{i,t-2}\right)$、$\left(\ln\left(\text{RD}_{i,t}\right)\right)^2$、$\left(\ln\left(\text{RD}_{i,t-1}\right)\right)^2$、$\left(\ln\left(\text{RD}_{i,t-2}\right)\right)^2$ 以分别刻画滞后期和对应的作用形式，发现不存在二次项的非线性作用形式，且一阶滞后项、二阶滞后项均显著。以上回归方程中研发投入的作用形式与张杰和郑文平（2018）的模型设定一致，滞后阶数略有不同，他们的模型中只有一阶滞后项显著，因此仅保留了一阶滞后项。

示年度 t 时企业 i 的微观企业风险；$\text{Control}_{i,t-1}$ 表示年度 $t-1$ 时企业 i 的控制变量序列；Ind_i 表示企业 i 的行业虚拟变量序列①；Year_t 表示年度 t 时的年度虚拟变量序列。

第二，利用回归方程（7.9）研究市委书记变更、市长变更是否会影响微观企业风险与创新数量和质量的关系：

$$
\begin{aligned}
\text{Inv\_quantity}_{i,t}\left(\text{Inv\_quality}_{i,t}\right) = {} & \varphi_0 + \varphi_1 \ln\left(\text{RD}_{i,t-1}\right) + \varphi_2 \ln\left(\text{RD}_{i,t-2}\right) + \varphi_3 \beta_{i,t}^{\text{micro}} \\
& + \varphi_4 \text{Shuji}_{i,t} + \varphi_5 \beta_{i,t}^{\text{micro}} \times \text{Shuji}_{i,t} + \varphi_6 \text{Shizhang}_{i,t} \\
& + \varphi_7 \beta_{i,t}^{\text{micro}} \times \text{Shizhang}_{i,t} + \chi_1 \text{Control}_{i,t-1} + \chi_2 \text{Ind}_i \\
& + \chi_3 \text{Year}_t + \varepsilon_{i,t}
\end{aligned}
$$

$$\text{(7.9)}$$

其中，$\text{Shuji}_{i,t}$、$\text{Shizhang}_{i,t}$ 分别表示年度 t 时企业 i 所在地是否存在市委书记变更、市长变更情况；$\beta_{i,t}^{\text{micro}} \times \text{Shuji}_{i,t}$ 表示年度 t 时企业 i 的微观企业风险与所在地是否存在市委书记变更情况的交互项；$\beta_{i,t}^{\text{micro}} \times \text{Shizhang}_{i,t}$ 表示年度 t 时企业 i 的微观企业风险与所在地是否存在市长变更情况的交互项。

第三，利用回归方程（7.10）研究管理者过度自信是否会影响微观企业风险与创新数量和质量的关系：

$$
\begin{aligned}
\text{Inv\_quantity}_{i,t}\left(\text{Inv\_quality}_{i,t}\right) = {} & \varphi_0 + \varphi_1 \ln\left(\text{RD}_{i,t-1}\right) + \varphi_2 \ln\left(\text{RD}_{i,t-2}\right) + \varphi_3 \beta_{i,t}^{\text{micro}} \\
& + \varphi_4 \text{Over\_manager}_{i,t} + \varphi_5 \beta_{i,t}^{\text{micro}} \times \text{Over\_manager}_{i,t} \\
& + \chi_1 \text{Control}_{i,t-1} + \chi_2 \text{Ind}_i + \chi_3 \text{Year}_t + \varepsilon_{i,t}
\end{aligned}
$$

$$\text{(7.10)}$$

其中，$\text{Over\_manager}_{i,t}$ 表示年度 t 时企业 i 的管理者的过度自信水平；$\beta_{i,t}^{\text{micro}} \times \text{Over\_manager}_{i,t}$ 表示年度 t 时企业 i 的微观企业风险与管理者的过度自信水平的交互项。

第四，利用回归方程（7.11）研究投资者的过度自信水平、损失厌恶程度是否会影响微观企业风险与创新数量和质量的关系：

$$
\begin{aligned}
\text{Inv\_quantity}_{i,t}\left(\text{Inv\_quality}_{i,t}\right) = {} & \varphi_0 + \varphi_1 \ln\left(\text{RD}_{i,t-1}\right) + \varphi_2 \ln\left(\text{RD}_{i,t-2}\right) + \varphi_3 \beta_{i,t}^{\text{micro}} \\
& + \varphi_4 \text{Overconfidence}_{i,t} + \varphi_5 \beta_{i,t}^{\text{micro}} \times \text{Overconfidence}_{i,t} \\
& + \varphi_6 \text{Aversion}_{i,t} + \varphi_7 \beta_{i,t}^{\text{micro}} \times \text{Aversion}_{i,t} \\
& + \chi_1 \text{Control}_{i,t-1} + \chi_2 \text{Ind}_i + \chi_3 \text{Year}_t + \varepsilon_{i,t}
\end{aligned}
$$

$$\text{(7.11)}$$

---

① 中国各个行业的发展水平差异较大、发展潜力参差不齐，本书采用中国证监会公布的《上市公司行业分类指引》（2012 年修订）中的二级行业分类。

其中，$Overconfidence_{i,t}$、$Aversion_{i,t}$ 分别表示年度 t 时股票 i 的投资者的过度自信水平、损失厌恶程度；$\beta_{i,t}^{micro} \times Overconfidence_{i,t}$ 表示年度 t 时股票 i 的微观企业风险与投资者的过度自信水平的交互项；$\beta_{i,t}^{micro} \times Aversion_{i,t}$ 表示年度 t 时股票 i 的微观企业风险与投资者的损失厌恶程度的交互项。

7.3　样本选取与统计描述

7.3.1　数据来源

本章将样本的时间范围设定为 2007～2017 年，剔除 2007 年以前的数据主要是因为股权分置改革会对企业的治理水平和经营绩效产生较大影响（廖理等，2008；陈胜蓝和卢锐，2012；陈信元和黄俊，2016），会在以下两方面干扰本书的研究：①加剧了由政府干预导致的股市波动性突变的风险（袁鲲等，2014），这可能会影响市场风险及其展开后的不同种类、更加细分的系统性风险，如微观企业风险；②降低了企业现金股利的平稳性，这可能会影响创新数量和质量。

本章将样本的个体范围设定为中国股票市场上的所有企业，并对初始数据进行如下处理：①为了计算市场风险及其展开后的不同种类、更加细分的系统性风险，需要采用普通最小二乘法通过滚动回归 24 个月得到样本估计值的标准误，从而与先验估计值的标准误一起，计算后验估计值的收缩权重，因此剔除不满足连续 24 个交易月度的样本；②考虑到上市企业的分公司、子公司均存在专利申请行为，手动收集每一家上市企业拥有的全部分公司、子公司的专利申请数据，加总形成对应上市企业的专利申请数据；③剔除金融类上市企业；④剔除 ST、*ST、PT 类上市企业；⑤剔除 2006 年末没有完成股权分置改革的上市企业；⑥剔除数据缺失的样本。

所有财务数据、股票交易数据均来源于 CSMAR 数据库和 Wind 数据库。本章从数据库中随机选取数据与上交所、深交所披露的企业财务数据进行比对，以保证数据质量。专利数据来源于中国专利数据库。市委书记、市长变更数据通过手动收集获得，相关渠道包括地方年鉴、搜索引擎等。管理者的过度自信水平包含的五项个人特征数据通过整理 CSMAR 数据库中高管个人信息数据获得，缺失部分通过手动收集企业年报中的数据进行补充。为了保证数据的有效性并消除异常值的影响，对所有连续变量按照 1% 的标准进行缩尾处理。为了解决潜在的组内自相关问题，借鉴 Petersen（2009）的方法，对所有回归方程均进行聚类稳健标准误处理。

7.3.2　描述性统计

表 7.2 列示了相关变量的描述性统计结果。可以发现：①采用企业"申请日"提交并最终获得中国国家知识产权局授权的专利数目度量的创新数量（Inv_quantity）、依据国际专利分类号并采用专利的知识宽度测算的创新质量（Inv_quality^{mean}、Inv_quality^{median}）的标准差较大，最小值和最大值的差距较为明显，说明不同企业之间的创新能力存在显著差别；②通过股票价格反映的企业承担的系统性风险中的微观企业风险（β^{micro}）的均值为 0.294，与宏观经济风险（β^{macro}）的均值 0.413、交叉传染风险（$\beta^{contagion}$）的均值 0.468 相比处于较低水平，说明微观企业风险相对宏观经济风险、交叉传染风险来说，并不是构成企业所承担的系统性风险的主要因素，此外，微观企业风险（β^{micro}）的标准差为 1.905，与宏观经济风险（β^{macro}）的标准差 1.021、交叉传染风险（$\beta^{contagion}$）的标准差 1.613 相比处于较高水平，说明不同企业所承担的系统性风险中的微观企业风险的差异较大；③管理者的过度自信水平（Over_manager）的标准差远远大于均值，说明了不同企业管理者的过度自信水平差异很大；④投资者的过度自信水平（Overconfidence）的均值为负，说明了市场上的投资者总体来说并不具有过度自信的特点；⑤投资者的损失厌恶程度（Aversion）的均值为正，反映了市场上的投资者总体来说具有损失厌恶的特征。

表 7.2　描述性统计结果

变量	样本量	均值	标准差	最小值	最大值
β^{micro}	14 382	0.294	1.905	0.070	0.503
Inv_quantity	14 382	19.018	44.092	0	319
Inv_quality^{mean}	14 382	0.482	0.356	0.000	0.819
Inv_quality^{median}	14 382	0.447	0.302	0.000	0.807
ln(RD)	14 382	17.516	1.500	5.094	25.025
Shuji	14 382	0.239	0.395	0	1
Shizhang	14 382	0.304	0.517	0	1
Over_manager	14 382	0.159	0.353	0	1
Overconfidence	14 382	−0.034	0.079	−0.165	0.108
Aversion	14 382	0.050	0.095	−0.017	0.133
Size	14 382	21.937	1.160	20.701	28.319
Age	14 382	2.890	1.705	0.693	3.220
GS	14 382	15.446	1.179	11.540	18.564
EX	14 382	0.334	0.215	0	1

| | | | | | 续表 |
变量	样本量	均值	标准差	最小值	最大值
SOE	14 382	0.518	0.406	0	1
Lev	14 382	0.527	0.189	0.056	0.960
ROA	14 382	0.028	0.064	−0.270	0.191
TAT	14 382	0.585	0.931	0.103	1.536
LDR	14 382	1.370	1.847	0.705	3.286
NAG	14 382	0.059	0.205	−0.225	0.508
ORG	14 382	0.136	0.744	−0.270	1.856
PPE	14 382	0.316	0.192	0.003	0.775
TQ	14 382	1.505	0.946	0.911	8.003
HI	14 382	0.105	0.090	0.022	0.540
BS	14 382	8.769	1.503	5	15
RID	14 382	0.376	0.059	0.332	0.575
OC	14 382	0.658	0.224	0.241	0.753
PISH	14 382	0.072	0.145	0.000	0.704

7.4　实　证　分　析

7.4.1　基于分组下的微观企业风险与技术创新

本节分析基于分组下的微观企业风险与创新数量和质量的关系：首先，将每个年度的股票按照所承载的微观企业风险从低到高进行排序并等分为 10 组；其次，计算每个组所有企业在下个年度的创新数量（Inv_quantity）和创新质量（Inv_quality^{mean}、Inv_quality^{median}）；再次，计算每个组在下个年度的简单算术平均的创新数量和质量；最后，分别对每个组的创新数量和质量序列进行 Newey-West 稳健标准误调整后的均值 t 检验。

由表 7.3 可得，随着微观企业风险的上升，企业组合的创新数量和质量（无论采用的是均值加总的 Inv_quality^{mean} 还是中位数加总的 Inv_quality^{median}）均呈现下降趋势，承担的微观企业风险最大的企业组合 $Q10$ 的创新数量和质量显著低于承担的微观企业风险最小的企业组合 $Q1$。这意味着，企业所承担的系统性风险中的微观企业风险与创新数量和质量可能均存在着负相关关系。

表 7.3　基于分组下的微观企业风险与创新数量和质量

分位点	Inv_quantity	Inv_quality^{mean}	Inv_quality^{median}
$Q1$	19.125	0.490	0.484
$Q2$	19.137	0.489	0.484
$Q3$	18.907	0.483	0.472
$Q4$	18.745	0.479	0.471
$Q5$	18.750	0.481	0.459
$Q6$	18.536	0.482	0.462
$Q7$	18.302	0.477	0.454
$Q8$	18.413	0.475	0.445
$Q9$	18.212	0.470	0.449
$Q10$	18.029	0.471	0.443
$Q10-Q1$	−1.096***	−0.019**	−0.041***
	(−2.98)	(−2.51)	(−3.30)

注：括号内的数字为经 Newey-West 稳健标准误调整后的 t 值

***、**分别表示 1%、5%的显著性水平

7.4.2　微观企业风险与技术创新的回归分析

表 7.4 给出了微观企业风险与创新数量和质量关系的固定效应估计结果。我们加入了年度控制变量序列和行业控制变量序列以分别控制年度效应和行业效应，并对标准误进行了公司维度的聚类处理以解决潜在的组内自相关问题（Petersen，2009）。可以看出，微观企业风险（ β^{micro} ）显著降低了创新数量（ Inv_quantity ）和质量（ Inv_quality^{mean} 、 Inv_quality^{median} ），无论是在加入控制变量序列之前还是之后，均呈现显著的负相关关系，这在一定程度上保证了回归结果的稳健性。以上结果支持了 H2：微观企业风险越高，技术创新水平越低。此外，企业规模（Size）与创新数量和质量正相关，说明了具有较强经济实力的企业可以为技术创新提供更好的支持；资产负债率（Lev）与创新数量和质量负相关，说明了还债压力较大的企业会将更多精力集中于短期经营，而不是集中于需要长期投入的技术创新，这与潘越等（2015）的观点一致；净资产增长率（NAG）、托宾 Q 值（TQ）、独立董事比例（RID）、机构持股比例（PISH）与创新数量和质量正相关，反映了企业的快速成长、良好的发展预期是技术创新的有效支撑，完善的外部治理水平促进了企业的技术创新；固定资产比例（PPE）、董事会规模（BS）与创新数量和质量负相关，表明了较低的资金运作灵活性、冗余的内部组织结构限制了企业的技术创新。需要说明的是，滞后一期、滞后两期的研发投入均对当期的技术产出具有正向作用，这与专利生产函数的理论假说相一致。

表 7.4　微观企业风险与创新数量和质量

变量	Inv_quantity		Inv_quality^{mean}		Inv_quality^{median}	
	（1）	（2）	（3）	（4）	（5）	（6）
L1.ln(RD)	4.539***	3.306***	0.090***	0.073***	0.085***	0.075***
	（2.70）	（3.40）	（3.15）	（3.86）	（3.02）	（4.01）
L2.ln(RD)	2.072**	1.510***	0.067***	0.040***	0.063***	0.043***
	（2.46）	（3.38）	（3.90）	（2.67）	（3.61）	（2.70）
β^{micro}	−7.306*	−6.225***	−0.601**	−0.412***	−0.540**	−0.389***
	（−1.90）	（−3.05）	（−2.49）	（−3.45）	（−2.51）	（−3.77）
Size		2.241*		0.116*		0.114**
		（1.80）		（1.95）		（2.00）
Age		−11.064		−1.176*		−1.356*
		（−0.98）		（−1.80）		（−1.73）
GS		0.953**		0.181		0.159
		（2.45）		（0.98）		（1.17）
EX		3.022*		0.340		0.380
		（1.90）		（0.49）		（0.63）
SOE		−2.001		−0.195*		−0.221**
		（−0.95）		（−1.90）		（−2.02）
Lev		−17.261**		−1.305*		−1.329*
		（−2.44）		（−1.72）		（−1.74）
ROA		−4.401***		−1.004*		−0.962*
		（−5.00）		（−1.70）		（−1.86）
TAT		−2.404*		−0.159		−0.221
		（−1.75）		（−0.34）		（−0.50）
LDR		5.592		0.340		0.289
		（0.77）		（1.17）		（1.05）
NAG		2.019*		0.609**		0.548**
		（1.93）		（2.42）		（2.13）
ORG		7.214		0.220		0.306
		（1.47）		（0.47）		（0.68）
PPE		−1.618***		−0.076***		−0.072***
		（−6.34）		（−8.83）		（−9.40）
TQ		1.097*		0.145**		0.138**
		（1.68）		（2.46）		（2.53）
HI		0.491***		0.087***		0.090***
		（5.57）		（3.13）		（3.39）

续表

变量	Inv_quantity		Inv_quality^{mean}		Inv_quality^{median}	
	（1）	（2）	（3）	（4）	（5）	（6）
BS		−0.116***		−0.009*		−0.010**
		（−3.50）		（−1.69）		（−1.99）
RID		2.077***		0.208***		0.198***
		（4.95）		（3.97）		（4.06）
OC		−0.120		0.002		0.002
		（−1.33）		（0.45）		（0.47）
PISH		13.452**		0.533***		0.600***
		（2.39）		（5.18）		（4.95）
行业/年度	是	是	是	是	是	是
公司聚类	是	是	是	是	是	是
Hausman-test	46.38***	61.30***	58.17***	49.90***	38.51***	44.29***
N	14 382	14 382	14 382	14 382	14 382	14 382
R^2	0.220	0.461	0.195	0.518	0.199	0.525

注：括号内的数字为经 White 稳健标准误调整后的 t 值；L1.和 L2.分别表示滞后一期和滞后两期

***、**、*分别表示 1%、5%、10%的显著性水平

第8章 微观企业风险影响技术创新的进一步分析

8.1 机 理 探 究

本章加入地方官员变更、管理者的过度自信水平、投资者的过度自信水平和损失厌恶程度与微观企业风险的交互项，以分别探究地方官员变更所导致的经济政策实施不连续，以及过度自信的管理者所采取的激进决策及过度自信和损失厌恶的两类投资者的行为是否会影响微观企业风险与创新数量和质量的关系。为了确保交互项具有正确的经济学含义以及避免多重共线性的影响，我们对其进行了中心化处理。

由表 8.1 可得以下结论。第一，地方官员变更越频繁，微观企业风险与创新数量和质量的负向关系越强，无论地方官员变更的衡量指标是市委书记变更（Shuji）还是市长变更（Shizhang），这一结果均显著。这说明了地方官员变更所导致的政策不确定对地方企业的经营、投资、融资等活动具有重要影响，地方官员变更所导致的政策实施不连续、政企关系重新调整等会通过微观企业风险的影响渠道作用于技术创新，从而放大微观企业风险对技术创新的负面影响。这一结果支持了 H2a：若企业所在区域有地方官员变更，则微观企业风险与技术创新水平的负向关系会增强。第二，管理者的过度自信水平越高，微观企业风险与创新数量和质量的负向关系越强。结合余明桂等（2006）、姜付秀等（2009）的观点，可能的传导机制是过度自信的管理者会采取激进的债务融资决策，相关的债务融资期限也会更长，一定程度上容易受到流动性风险和经营风险等微观企业风险的影响，此外，过度自信的管理者一般有非常强烈的扩张冲动，使得相关企业的资本配置变化无常，容易受到微观企业风险的冲击。这一结果支持了 H2b：管理者的过度自信水平越高，微观企业风险与技术创新水平的负向关系越强。第三，投资者的过度自信水平越高，微观企业风险与创新数量和质量的负向关系越强；投资者的损失厌恶程度越高，微观企业风险与创新数量和质量的负向关系越弱。考虑到单一股票背后的投资者群体的交易行为会对企业管理层的行为决策产生影响，结合 Easterwood 和 Nutt（1999）、Gomes（2005）的研究，我们认为可能的传导机制为：过度自信的投资者较少关注公司披露的盈余信息，且通常倾向于过度交易，使得股票价格中的微观企业风险容易聚集，风险累积至一定量后突然释放，企业管理层不得不采取应急措施，这对需要保持长期投入的技术创新起到了一定程度的抑制作用；损失厌恶的投资者对财务数据等"看得见摸得着"的信息更为敏感，股票价格中的微观企业风险可以更为迅速地反映企业真实状况，不会累积后突然释放，形成较大冲击，管理者可以将更多精力用于企业未来的长期发展，如进行更多的研发投入，这在一定程度上促进了企业的技术创新。这一结果支持了 H2c、H2d：投资者的过度自信水平越高，微观企业风险与技术创新水平的负向关系越强；投资者的损失厌恶程度越高，微观企业风险与技术创新水平的负向关系越弱。

表 8.1　调节作用：地方官员变更、管理者的过度自信水平、投资者行为

变量	Inv_quantity				
	（1）	（2）	（3）	（4）	（5）
β^{micro}	−6.140***	−6.186***	−6.155***	−6.203***	−6.207***
	(−3.30)	(−3.41)	(−3.09)	(−3.19)	(−3.48)
Shuji	−0.059				
	(−1.40)				
$\beta^{micro} \times$ Shuji	−0.021*				
	(−1.93)				
Shizhang		−0.042*			
		(−1.90)			
$\beta^{micro} \times$ Shizhang		−0.027**			
		(−2.30)			
Over_manager			1.001		
			(0.78)		
$\beta^{micro} \times$ Over_manager			−0.115**		
			(−2.37)		
Overconfidence				−1.230*	
				(−1.88)	
$\beta^{micro} \times$ Overconfidence				−0.951**	
				(−2.40)	
Aversion					0.803
					(0.70)
$\beta^{micro} \times$ Aversion					2.337*
					(1.83)
控制变量	是	是	是	是	是
行业/年度	是	是	是	是	是

续表

变量	Inv_quantity				
	（1）	（2）	（3）	（4）	（5）
公司聚类	是	是	是	是	是
Hausman-test	66.30***	59.58***	62.00***	61.01***	58.93***
N	14 382	14 382	14 382	14 382	14 382
R^2	0.464	0.467	0.466	0.469	0.463
变量	Inv_quality^{mean}				
	（6）	（7）	（8）	（9）	（10）
β^{micro}	−0.410***	−0.411***	−0.412***	−0.414***	−0.413***
	（−3.40）	（−3.49）	（−3.38）	（−3.41）	（−3.56）
Shuji	−0.004*				
	（−1.71）				
$\beta^{micro} \times$ Shuji	−0.005**				
	（−2.53）				
Shizhang		−0.003*			
		（−1.86）			
$\beta^{micro} \times$ Shizhang		−0.006***			
		（−3.05）			
Over_manager			1.307		
			（1.02）		
$\beta^{micro} \times$ Over_manager			−0.036*		
			（−1.69）		
Overconfidence				−0.160**	
				（−2.50）	
$\beta^{micro} \times$ Overconfidence				−0.040***	
				（−2.69）	
Aversion					0.077
					（1.22）
$\beta^{micro} \times$ Aversion					0.422***
					（3.56）
控制变量	是	是	是	是	是
行业/年度	是	是	是	是	是
公司聚类	是	是	是	是	是
Hausman-test	50.60***	55.71***	56.33***	48.30***	52.44***
N	14 382	14 382	14 382	14 382	14 382
R^2	0.520	0.522	0.521	0.520	0.523

续表

变量	Inv_quality^{median}				
	（11）	（12）	（13）	（14）	（15）
β^{micro}	−0.395***	−0.390***	−0.386***	−0.382***	−0.388***
	（−3.70）	（−3.62）	（−3.79）	（−3.83）	（−3.76）
Shuji	−0.004*				
	（−1.75）				
$\beta^{micro} \times$ Shuji	−0.005***				
	（−2.72）				
Shizhang		−0.003*			
		（−1.95）			
$\beta^{micro} \times$ Shizhang		−0.005**			
		（−2.40）			
Over_manager			1.400		
			（1.29）		
$\beta^{micro} \times$ Over_manager			−0.039*		
			（−1.72）		
Overconfidence				−0.164**	
				（−2.32）	
$\beta^{micro} \times$ Overconfidence				−0.042**	
				（−2.53）	
Aversion					0.086
					（0.95）
$\beta^{micro} \times$ Aversion					0.419***
					（3.71）
控制变量	是	是	是	是	是
行业/年度	是	是	是	是	是
公司聚类	是	是	是	是	是
Hausman-test	45.01***	49.20***	40.07***	39.95***	45.89***
N	14 382	14 382	14 382	14 382	14 382
R^2	0.526	0.529	0.534	0.530	0.528

注：括号内的数字为经 White 稳健标准误调整后的 t 值

***、**、*分别表示 1%、5%、10%的显著性水平

8.2　稳健性检验

8.2.1　针对技术创新的一阶滞后效应和反向因果关系的稳健性检验

第 7 章的结论表明：企业所承担的系统性风险中的微观企业风险越高，技术创新水平越低。但是，企业承担的微观企业风险与管理层的经营战略方向选择和对应的资本配置比例具有很大的关联性，相关的微观企业因子与管理层的行为决策也有一定的关系。因此，一个可能的情况是由于企业的技术创新水平所限，管理层为了推动企业的持续发展而选择改变原有的经营策略，如通过巨额补贴的形式占领市场等，与之对应的企业资本配置比例也会随之改变，这在一定程度上影响了企业的系统性风险承担水平，包括其对微观企业风险的承担比例。另一个可能的情况是，企业的技术创新水平通常具有延续性和平滑性，即上一期创新水平较高的企业在当期也会具有较高的创新水平，无论是创新数量还是创新质量。结合以上两点，我们有必要针对技术创新的一阶滞后效应和反向因果关系进行稳健性检验。

本节利用系统 GMM 针对技术创新的一阶滞后效应和反向因果关系进行稳健性检验[①]。为了保证回归结果的可靠性，本节使用 Windmeijer（2005）所采用的两阶段纠偏稳健标准误。首先，市委书记变更、市长变更、企业规模、企业年龄、企业出口、产权性质、资产负债率、资产收益率、总资产周转率、流动比率、净资产增长率、营业收入增长率、固定资产比例、赫芬达尔指数、董事会规模、独立董事比例、股权集中度相对创新数量和质量而言，基本不存在内生性；企业承载的系统性风险中的微观企业风险、政府补贴、托宾 Q 值、机构持股比例与创新数量和质量之间可能存在着内生关系，我们将其设定为内生变量。其次，管理者的过度自信水平、投资者的过度自信水平、投资者的损失厌恶程度和微观企业风险的交互项与创新数量和质量之间同样可能存在着内生关系，我们也将其设定为内生变量。最后，专利生产函数已经将企业的研发投入做了滞后处理，因此研发投入与创新数量和质量之间基本不存在内生性，我们将其设定为外生变量。由表8.2 至表 8.4 可得，萨根检验和扰动项差分的二阶序列相关检验在统计上均不显著，说明不存在工具变量的过度识别问题，且扰动项不存在一阶序列相关，因此符合系统 GMM 的要求。可以看出，系统 GMM 的结果与第 7 章结论基本一致，说明第 7 章的结论是稳健的。

---

① 为了避免在面板数据时间跨度较大的情况下差分 GMM 容易产生的弱工具变量问题（Che et al.，2013），我们选择采用系统 GMM。

表 8.2　针对技术创新的一阶滞后效应和反向因果关系的稳健性检验（一）

变量	Inv_quantity				
	（1）	（2）	（3）	（4）	（5）
L1.Inv_quantity	0.265***	0.271***	0.270***	0.219***	0.223***
	（3.87）	（3.70）	（3.88）	（4.25）	（4.47）
β^{micro}	−7.330***	−7.425***	−7.361***	−7.429***	−7.385***
	（−5.28）	（−5.60）	（−5.34）	（−5.42）	（−5.50）
Shuji	−0.092*				
	（−1.85）				
$\beta^{micro} \times$ Shuji	−0.017**				
	（−2.46）				
Shizhang		−0.035**			
		（−2.28）			
$\beta^{micro} \times$ Shizhang		−0.019**			
		（−2.01）			
Over_manager			1.405		
			（0.32）		
$\beta^{micro} \times$ Over_manager			−0.080**		
			（−2.22）		
Overconfidence				−1.499**	
				（−2.37）	
$\beta^{micro} \times$ Overconfidence				−0.707***	
				（−3.13）	
Aversion					0.426
					（0.85）
$\beta^{micro} \times$ Aversion					1.863**
					（1.97）
控制变量	是	是	是	是	是
行业/年度	是	是	是	是	是
N	14 382	14 382	14 382	14 382	14 382
AR(2) 检验 p 值	0.598	0.570	0.714	0.669	0.640
萨根检验 p 值	0.530	0.652	0.493	0.545	0.526

表 8.3　针对技术创新的一阶滞后效应和反向因果关系的稳健性检验（二）

变量	Inv_quality^{mean}				
	（6）	（7）	（8）	（9）	（10）
L1.Inv_quality^{mean}	0.238***	0.240***	0.235***	0.242***	0.240***
	（3.96）	（4.04）	（3.96）	（4.12）	（4.30）

续表

变量	Inv_quality^{mean}				
	（6）	（7）	（8）	（9）	（10）
β^{micro}	−0.284***	−0.296***	−0.301***	−0.305***	−0.298***
	（−4.19）	（−4.28）	（−4.07）	（−4.34）	（−3.95）
Shuji	−0.003*				
	（−1.71）				
$\beta^{micro} \times$ Shuji	−0.006***				
	（−2.90）				
Shizhang		−0.003*			
		（−1.69）			
$\beta^{micro} \times$ Shizhang		−0.005***			
		（−2.82）			
Over_manager			1.015		
			（1.41）		
$\beta^{micro} \times$ Over_manager			−0.044*		
			（−1.89）		
Overconfidence				−0.127**	
				（−2.02）	
$\beta^{micro} \times$ Overconfidence				−0.051***	
				（−3.04）	
Aversion					0.098
					（1.09）
$\beta^{micro} \times$ Aversion					0.294***
					（3.08）
控制变量	是	是	是	是	是
行业/年度	是	是	是	是	是
N	14 382	14 382	14 382	14 382	14 382
AR(2) 检验 p 值	0.610	0.528	0.684	0.575	0.496
萨根检验 p 值	0.702	0.701	0.770	0.764	0.680

表8.4　针对技术创新的一阶滞后效应和反向因果关系的稳健性检验（三）

变量	Inv_quality^{median}				
	（11）	（12）	（13）	（14）	（15）
L1.Inv_quality^{median}	0.239***	0.239***	0.238***	0.240***	0.241***
	（4.15）	（4.21）	（4.25）	（3.87）	（4.06）
β^{micro}	−0.295***	−0.303***	−0.308***	−0.314***	−0.310***
	（−4.12）	（−4.22）	（−3.87）	（−4.25）	（−3.91）

续表

变量	Inv_quality^{median}				
	（11）	（12）	（13）	（14）	（15）
Shuji	-0.003^{*}				
	（-1.84）				
$\beta^{micro} \times$ Shuji	-0.006^{***}				
	（-2.99）				
Shizhang		-0.003^{*}			
		（-1.73）			
$\beta^{micro} \times$ Shizhang		-0.005^{***}			
		（-2.68）			
Over_manager			0.904		
			（1.35）		
$\beta^{micro} \times$ Over_manager			-0.047^{**}		
			（-1.96）		
Overconfidence				-0.121^{**}	
				（-2.25）	
$\beta^{micro} \times$ Overconfidence				-0.050^{***}	
				（-3.29）	
Aversion					0.112
					（1.30）
$\beta^{micro} \times$ Aversion					0.290^{***}
					（2.89）
控制变量	是	是	是	是	是
行业/年度	是	是	是	是	是
N	14 382	14 382	14 382	14 382	14 382
AR(2) 检验 p 值	0.597	0.544	0.672	0.530	0.440
萨根检验 p 值	0.739	0.728	0.725	0.703	0.696

注：括号内的数字为经 White 稳健标准误调整后的 t 值；L1.表示滞后一期

***、**、*分别表示 1%、5%、10%的显著性水平

8.2.2　针对股市周期的稳健性检验

与 6.2.2 节一样，我们同样针对样本区间内的"牛市"和"熊市"进行子样本回归，样本区间与回归方法也与 6.2.2 节一致。表 8.5 列示了微观企业风险与创新数量之间关系的稳健性检验结果，股票市场的"牛""熊"周期没有影响本书的主要结论：微观企业风险越高，创新数量越少；若企业所在地有地方官员变更，则微观企业风险与创新数量的负向关系会增强；管理者的过度自信水平越高，微观企业风险与创新数量的负向关系越强；投资者的过度自信水平越高，微观企业风

险与创新数量的负向关系越强；投资者的损失厌恶程度越高，微观企业风险与创新数量的负向关系越弱。

表 8.5　针对股市周期的稳健性检验：创新数量（ Inv_quantity ）

变量	牛市				
	（1）	（2）	（3）	（4）	（5）
β^{micro}	−3.890***	−3.995***	−3.940***	−3.981***	−3.902***
	（−4.29）	（−4.46）	（−4.14）	（−4.49）	（−4.60）
Shuji	−0.088				
	（−1.01）				
$\beta^{micro} \times$ Shuji	−0.033**				
	（−1.98）				
Shizhang		−0.035**			
		（−2.31）			
$\beta^{micro} \times$ Shizhang		−0.022**			
		（−2.16）			
Over_manager			1.983		
			（0.59）		
$\beta^{micro} \times$ Over_manager			−0.148***		
			（−3.02）		
Overconfidence				−1.009*	
				（−1.70）	
$\beta^{micro} \times$ Overconfidence				−0.611**	
				（−2.01）	
Aversion					0.500
					（0.98）
$\beta^{micro} \times$ Aversion					1.886**
					（1.97）
控制变量	是	是	是	是	是
N	8197	8197	8197	8197	8197
R^2	0.315	0.321	0.316	0.318	0.316
变量	熊市				
	（6）	（7）	（8）	（9）	（10）
β^{micro}	−5.707***	−5.780***	−5.743***	−5.789***	−5.736***
	（−2.90）	（−2.98）	（−3.17）	（−2.86）	（−3.00）
Shuji	−0.050				
	（−0.82）				
$\beta^{micro} \times$ Shuji	−0.039*				
	（−1.72）				

续表

变量	熊市				
	（6）	（7）	（8）	（9）	（10）
Shizhang		−0.031**			
		（−2.28）			
$\beta^{\text{micro}} \times$ Shizhang		−0.026**			
		（−2.45）			
Over_manager			1.502		
			（0.40）		
$\beta^{\text{micro}} \times$ Over_manager			−0.199**		
			（−2.18）		
Overconfidence				−0.521**	
				（−2.30）	
$\beta^{\text{micro}} \times$ Overconfidence				−0.480***	
				（−2.64）	
Aversion					0.606
					（1.39）
$\beta^{\text{micro}} \times$ Aversion					1.305**
					（2.27）
控制变量	是	是	是	是	是
N	6185	6185	6185	6185	6185
R^2	0.359	0.345	0.350	0.349	0.352

注：括号内的数字为经 White 稳健标准误调整后的 t 值
***、**、*分别表示 1%、5%、10%的显著性水平

表 8.6 列示了微观企业风险与创新质量之间关系的稳健性检验结果（我们同样去除了年度控制变量序列和行业控制变量序列并采用 pooled OLS 估计），股票市场的"牛""熊"周期没有影响本书的主要结论：微观企业风险越高，创新质量越低；若企业所在地有地方官员变更，则微观企业风险与创新质量的负向关系会增强；管理者的过度自信水平越高，微观企业风险与创新质量的负向关系越强；投资者的过度自信水平越高，微观企业风险与创新质量的负向关系越强；投资者的损失厌恶程度越高，微观企业风险与创新质量的负向关系越弱。结合表 8.5 的回归结果，H2、H2a、H2b、H2c、H2d 依然成立。

表 8.6　针对股市周期的稳健性检验：创新质量（ Inv_quality^{median} ）

变量	牛市				
	（1）	（2）	（3）	（4）	（5）
β^{micro}	−0.440***	−0.446***	−0.441***	−0.445***	−0.447***
	（−2.91）	（−2.58）	（−2.77）	（−2.96）	（−3.03）
Shuji	−0.003*				
	（−1.64）				
$\beta^{micro}\times$ Shuji	−0.006***				
	（−3.05）				
Shizhang		−0.003**			
		（−2.25）			
$\beta^{micro}\times$ Shizhang		−0.004**			
		（−1.98）			
Over_manager			1.124		
			（1.00）		
$\beta^{micro}\times$ Over_manager			−0.033**		
			（−2.47）		
Overconfidence				−0.160**	
				（−2.06）	
$\beta^{micro}\times$ Overconfidence				−0.030*	
				（−1.84）	
Aversion					0.129
					（0.48）
$\beta^{micro}\times$ Aversion					0.262**
					（2.27）
控制变量	是	是	是	是	是
N	8197	8197	8197	8197	8197
R^2	0.470	0.456	0.461	0.468	0.459

变量	熊市				
	（6）	（7）	（8）	（9）	（10）
β^{micro}	−0.209***	−0.214***	−0.210***	−0.213***	−0.211***
	（−4.04）	（−3.77）	（−3.95）	（−4.12）	（−3.80）
Shuji	−0.006**				
	（−2.30）				
$\beta^{micro}\times$ Shuji	−0.004**				
	（−2.22）				
Shizhang		−0.003**			
		（−2.01）			

续表

变量	熊市				
	（6）	（7）	（8）	（9）	（10）
$\beta^{\text{micro}} \times$ Shizhang		-0.003^{*}			
		（-1.66）			
Over_manager		1.187			
		（1.29）			
$\beta^{\text{micro}} \times$ Over_manager		-0.047^{**}			
		（-2.26）			
Overconfidence			-0.135^{**}		
			（-1.98）		
$\beta^{\text{micro}} \times$ Overconfidence			-0.049^{***}		
			（-2.60）		
Aversion				0.074	
				（1.51）	
$\beta^{\text{micro}} \times$ Aversion					0.230^{***}
					（2.59）
控制变量	是	是	是	是	是
N	6185	6185	6185	6185	6185
R^2	0.410	0.404	0.402	0.407	0.405

注：括号内的数字为经 White 稳健标准误调整后的 t 值

***、**、*分别表示 1%、5%、10%的显著性水平

8.2.3　其他稳健性检验

此外，本章还做了以下稳健性检验：①在回归方程中引入交易所虚拟变量以控制上交所、深交所在发行制度、信息披露制度、投资者构成等方面存在的差异；②为了防止股票的换手率对单一股票所承担的微观企业风险的潜在影响，我们除了在回归方程中引入换手率变量之外，还按照股票的换手率进行排序，针对高换手率和低换手率组合进行了子样本回归；③无论是 CAPM、Fama-French 三因子模型、Carhart 四因子模型、Fama-French 五因子模型，还是动态混合 β 模型，其测度的系统性风险都会受到无风险收益率的影响，我们以三个月期限的定期存款利率除以 3 代替一年期的定期存款利率除以 12 表示无风险收益率。所有稳健性检验的结果与第 7 章的结论基本一致，说明第 7 章的结论是稳健的。

8.3　小　　结

　　本章主要研究了企业承担的系统性风险中的微观企业风险与技术创新的关系，在此基础之上探讨了地方官员变更、管理者的过度自信水平、投资者的过度自信水平和损失厌恶程度是否会影响微观企业风险与技术创新的关系，进而挖掘微观企业风险影响企业技术创新的作用机理和传导机制。首先，采用分组排序的方法分析微观企业风险与创新数量和质量之间的关系，发现企业所承担的系统性风险中的微观企业风险与创新数量和质量均存在着负相关关系。其次，通过回归方法实证分析微观企业风险与创新数量和质量之间的关系，以及地方官员变更、管理者的过度自信水平、投资者的过度自信水平和损失厌恶程度对微观企业风险与创新数量和质量之间关系的影响，研究结果显示：①微观企业风险越高，技术创新水平越低；②若企业所在区域有地方官员变更，则微观企业风险与技术创新水平的负向关系会增强；③管理者的过度自信水平越高，微观企业风险与技术创新水平的负向关系越强；④投资者的过度自信水平越高，微观企业风险与技术创新水平的负向关系越强；⑤投资者的损失厌恶程度越高，微观企业风险与技术创新水平的负向关系越弱。最后，针对以上实证分析的回归结果进行了相应的稳健性检验。

第9章 交叉传染风险与技术创新

本章主要研究了企业承担的系统性风险中的交叉传染风险（选取标准的马尔可夫链，采用动态混合 β 测度模型基于贝叶斯估计所得）与技术创新的关系，对于交叉传染风险与技术创新的关系，本书第 2 章已经进行了详细的介绍和说明，因此，本章假设提出部分的主要目的在于描述企业社会责任、市场化水平、董事长和总经理的社会关系网络、社会关注度、行业博弈状态与交叉传染风险之间的潜在联系，以及它们影响交叉传染风险与技术创新之间关系的潜在途径。除了假设提出部分，其他部分的内容安排如下：模型与方法部分，介绍企业社会责任、市场化水平、董事长和总经理的社会关系网络、社会关注度、行业博弈状态指标的详细度量方法，以及控制变量的选取和相应的计量模型；样本选取与统计描述部分，详细说明本章研究内容的数据来源，并给出对应的描述性统计结果；实证分析部分，采用分组排序的方法分析交叉传染风险与创新数量和质量之间的关系，观察相应的趋势是否显著，并通过回归方法实证分析交叉传染风险与创新数量和质量之间的关系。

9.1 假 设 提 出

对于交叉传染风险并没有精确的概念定义，通常认为其源于不同风险之间的传播和扩散，而不是从其他单一风险源中剥离出来成为新的风险源，这一方面是因为缺乏相应的技术手段，即确保不同风险之间不会重合进而引发测度偏误，另一方面是因为没有认识到不同风险交叉传染的重要性，而这一特点恰恰是系统性风险有着巨大破坏力的关键因素，也是"黑天鹅"现象频出的主要原因。交叉传染风险的"传染"性质体现在：产生于宏观层面的风险原本对一些企业没有直接影响，但是基于经济变量的传导机制，经过复杂的中介作用，间接影响了这些企业；源自微观层面的风险由于大量聚集，伴随着系统重要性企业或金融机构的风险放大作用，形成了可以对整个社会、宏观经济产生影响的系统性风险。

首先，交叉传染风险对技术创新的影响可以从技术风险、不对称信息与宏观风险相互作用的角度加以分析（Akerlof，1970；Bhattacharya and Ritter，1983；Myers and Majluf，1984；Bester，1985；Shi，2003；Dockner and Siyahhan，2015）。企业的技术研发通常具有信息不对称程度较高的性质，即考虑到一些技术创新容易被竞争对手模仿而选择降低相关信息的披露程度，以减少竞争对手的"搭便车"

行为，但是，因为没有其他竞争对手跟随创新，独自研发也会面临较大的技术风险，同时，由于私有信息含量降低，企业的市场价格更多反映了股票市场的系统性风险，因此非常容易遭受宏观经济风险的影响。此外，为了降低信息不对称所导致的风险，相对于权益融资，企业更加偏好债务融资，但是债务价格受宏观经济周期和本国、他国的货币政策、财政政策的影响较之权益价格更为明显。所以，一个个由信息不对称导致的个体逆向选择问题会使整个市场的运行规则发生根本性的变化，个体对于自身风险所做出的决策如果在更大范围内具有一致性，就会导致微观风险向宏观风险演变，即风险传染放大了风险的影响力和破坏力。

其次，交叉传染风险对技术创新的影响可以从不同企业之间的商业竞争和行业影响的角度加以分析（Blundell et al.，1999；Caggese，2012；Prajogo，2016）。同一行业的不同企业或横跨多个行业的竞争对手之间采取的商业竞争行为（包含技术研发竞争、商业模式竞争和市场营销竞争等）非常容易将企业自身的技术风险、财务风险和上下游供应链风险等转移至其所在的单一行业甚至多个行业，并对以上行业中的其他企业造成影响，从而进一步扩大风险的作用范围，使风险跨行业、跨地域蔓延，因此，其对相关领域企业的技术创新都会造成影响。此外，不只是企业之间的市场势力角逐容易引发大范围的风险传染，即便是常规的经营风险也会通过具有较大资产规模和行业影响力的企业传递至其他企业，并对企业运营的各个环节产生影响，包括研发环节。因此，影响企业技术创新的各类风险虽然最终作用于企业本身，但是风险并非来源于企业自身，而是通过风险传染的形式对企业造成影响。基于以上不同角度的归纳与分析，本章提出以下假设。

H3：交叉传染风险越高，技术创新水平越低。

宋献中等（2017）的研究表明，企业的社会责任可以通过信息效应和声誉保险效应两种传导机制作用于股票价格，并在一定程度上降低未来股价的波动性和崩盘风险，其对股票价格的影响途径主要源于降低企业信息的不对称程度和缓解投资者的不理性情绪，因此对风险的扩散起到了显著的抑制作用。然而权小锋等（2015）的观点与之相反，他们认为企业承担社会责任不仅不会降低股票价格的波动性，反而还存在着"社会责任的崩盘效应"，即企业承担的社会责任使得经济社会中零零散散的不同种类的风险汇聚于企业自身，导致风险传染效应显著加剧，这一观点与权小锋和肖红军（2016）的研究结果一致。高勇强等（2012）从侧面指出企业的社会责任动机更多呈现"工具性"，其目的在于掩盖或转移员工薪酬福利水平低、环境影响大等反映企业自身问题或风险的舆论压力。考虑到相关领域的文献较少，且存在观点相反的研究结论，本章提出以下对立假设。

H3a1：企业的社会责任表现越好，交叉传染风险与技术创新水平的负向关系越弱。

H3a2：企业的社会责任表现越好，交叉传染风险与技术创新水平的负向关系越强。

张敏等（2015）的研究表明，企业的风险承受水平与其社会网络存在着千丝万缕的关系，即社会网络越复杂，企业可以承受的风险水平越高，此外，董事长拥有的复杂社会关系网络有助于提高企业可承受的风险水平，这是因为复杂的社会关系网络可以将企业所承担的风险向外转移。进一步的研究发现，企业所在地区的市场化水平与社会网络、企业的风险承担水平存在显著关联性，市场化水平越低，企业越容易冒险并承担高于自身可承受水平的风险，这使得企业承担的风险与其对应网络中的风险相互传染并加剧。李文贵和余明桂（2012）、俞鸿琳（2013）的研究结果与以上结果类似，社会关系网络还会通过企业的商业信用融资行为影响风险传染的效果以及方向，且市场化水平不仅会对风险传染产生影响，还会因为所有权性质不同、规模不同而产生差异较大的影响效果。据此，本章提出以下假设。

H3b：企业所在地区的市场化水平越高，交叉传染风险与技术创新水平的负向关系越弱。

H3c：董事长和总经理的社会关系网络越丰富，交叉传染风险与技术创新水平的负向关系越弱。

俞庆进和张兵（2012）、胡昌生和夏凡捷（2016）、向诚和陆静（2018）的研究表明，股票市场的交易行为与投资者的关注度存在显著关系，处于有限关注或关注度较低的股票面临较大的正向价格压力，相关企业的财务信息在一段时间之后才能被市场上的投资者了解，届时这一压力的释放又会使价格反转，导致股票价格上下波动。因此，信息扩散速度的差别使得高关注度的企业与低关注度的企业呈现出截然不同的风险特性，考虑到风险与信息之间的紧密联系，不同关注度的企业必然有着不同的风险传染机制。赵龙凯等（2013）采用百度公司的搜索量测算上市企业的社会关注度，发现股票的社会关注度越高，收益率越高，且这一结果在控制了规模、换手率、账面市值比之后依然显著，因此，社会关注度与相关企业面临的风险存在显著的关联性，但却不能由已有风险因子完全解释。应千伟等（2015，2017）的研究表明，上市企业受媒体关注越多越能够吸引投资者的持续关注，这使得信息的传递更为通畅，这种"市场压力效应"降低了企业与市场之间的信息不对称程度，一定程度上抑制了投资者因情绪恐慌而产生的不理性交易行为导致的风险传染。考虑到社会关注度与风险传染之间的联系，本章提出以下假设。

H3d：社会关注度越高，交叉传染风险与技术创新水平的负向关系越弱。

周小川（2004）指出，应将生态概念引入金融领域，从更为宽阔和互动的角度审视金融市场及其生存、发展环境。股票市场是最有活力、金融投资者最为关注且风险特征最为显著的金融市场，上市公司依据某些特定要素可以归于不同行业，相同行业中的上市公司具有一定程度的共性，它们居于"生态圈"的某一环节或某一"领地"。事实上，利用生态学的概念刻画金融领域的动态相关性是一个常用的方法。Modis（1999）认为，随着金融市场的快速发展，精确的科学分析将逐渐让步于混沌的科学分析，复杂性成为学者关注的焦点，金融学有必要借鉴生物学和生态学的思想与方法，达尔文创立的以自然选择为核心的生物进化论能够较好地描述股票市场上的公司行为，与自然界的生物争夺物质资源类似，上市公司争夺投资者手中有限的金融资源，其争夺方式更多种多样的。李建勇等（2016）指出，生态系统是一个彼此关联、相互作用的统一整体，上证主板、深证主板（含中小板）和创业板之间存在明显的互动关系。因此，股票价格的大幅波动不仅是对个体现象的简单描述，还反映了生态系统中不同上市公司在所属行业的博弈状态，这在一定程度上表明其可作为风险传染的一个重要途径。

Lotka（1925）创立了种间关系的动态模型，这为从物种视角研究资本市场中不同企业的行为提供了一种新的研究思路，其核心思想是：一个生态系统中存在两个相互关联的物种，它们的规模变量是互为因果的，对两者的增长方程进行联合估计可以得到两个物种规模数量的动态关系。然而，其将互动关系局限于合作与斗争两种形式，现实中的上市公司之间的互动关系更加多样化。考虑到中国股票市场暴涨暴跌的频率较高，其中较为重要的原因就是在新兴加转型的特殊背景下，法律法规和各项配套制度并不完善，"有法不依、执法不严"的现象依然存在，市场化的运行机制较为落后（罗进辉和杜兴强，2014），这可能会导致上市公司的行业博弈状态呈现出更为复杂的形式（杨瑞杰，2019）。首先，成熟行业中经常出现竞争和捕食的互动关系，因为行业的增速已经放缓，余下的想象空间比较有限，双方的发展往往会受到明显的约束，难以实现共赢，两者的区别是：处于竞争关系的上市公司，一方较之另一方没有竞争优势，双方的发展都会侵蚀对方的生存空间；处于捕食关系的上市公司，一方较之另一方拥有竞争优势，既可能是更高的生产率，也可能是更为先进的商业模式，这导致双方的发展呈现"此消彼长"的趋势。其次，新兴行业中的上市公司往往聚焦于开拓新市场、研发新技术，行业的想象空间巨大，任何一方的发展均能促进行业进步，双方都会从中受益，一般呈现出共生关系。再次，一些行业的发展状态介于成熟与新兴之间，或者公司之间的体量差距巨大，使得"利害关系"不太明显，比如：一方对另一方依然有影响，但是受影响的一方与另一方不存在互动关系，导致双方的动态关系表现为"单向"影响，一般将这种关系定义为偏害、偏利。最后，还有一些行业中的企业，双方可能均不存在互动关系，一般这种关系出现较少，也不是本书研究的重点，这种关系一般称为中性。针对以上描述的行业中可能存在的互动关系，有必要将动态关系的分类进一步细化，以便更好地分析中国股票市场中的上市公司之间的互动关系。

本章借鉴 Leslie（1958）、Modis（1999）、Sprott（2004）、杨瑞杰（2019）的

研究方法测度上市公司之间的行业博弈状态。根据行业中任意两家上市公司之间可能存在的互动关系组合（把正向、反向以及不显著三种可能的情况赋予任意两家上市公司），将博弈状态分为：竞争、捕食（正向或反向）、共生、偏害（正向或反向）、偏利（正向或反向）以及中性。鉴于同一行业中不同企业之间的博弈行为与风险传染之间的关联，考虑到这一行为必然涉及不同企业之间的创新比拼，本章提出以下假设。

H3e：若上市企业的行业博弈状态为竞争、反向捕食，则交叉传染风险与技术创新水平的负向关系会增强。

H3f：若上市企业的行业博弈状态为共生、正向捕食，则交叉传染风险与技术创新水平的负向关系会减弱。

9.2　模型与方法

9.2.1　调节变量

1. 企业社会责任

对于企业社会责任的评价没有统一标准，不同专业机构的打分结果及排序也存在一些出入。值得注意的一点是，社会大众与专业机构对同一企业社会责任的判断结果可能差距较大，前者更多基于自身有限知识的主观判断和社会群体性认知的引导，后者则更多基于客观存在的大量数据报告，这些数据报告不仅可以反映企业的社会责任履行情况，还包含了社会责任信息披露等其他相关维度的信息[①]。润灵环球（Rankins，RKS）对企业社会责任的评价从四个维度展开，并通过其独创的评级体系进行结构化打分，是一个相对客观、比较准确的评价标准。借鉴权小锋等（2015）的方法，选取 RKS 的上市公司社会责任报告的评价结果作为企业社会责任的代理变量，得分越高则企业的社会责任表现越好。

2. 市场化水平

中国各地区之间的一个显著特征是市场化水平差异较大（樊纲等，2011），其背后反映着不同地区之间在经济发展水平、资源流动自由度、法治健全度、政府干预度等方面的巨大差异（张敏等，2015）。借鉴余明桂等（2013）、张敏等（2015）的方法，本章采用《中国分省份市场化指数报告（2016）》中的市场化指数刻画企

---

① 一些研究指出，企业的社会责任表现越好，企业就越倾向于披露其社会责任履行情况的细节，因此将多维的社会责任信息进行综合处理是有必要的。

业所在地区的市场化水平，分数越高表明该地区的市场化水平越高①。

3. 董事长、总经理的社会关系网络

社会关系网络是一种脱离法律等正式制度层面的非正式制度安排。中国是一个关系社会，有人则有人情，有人情则有关系，复杂的人情、交错的关系编织出了多种多样的社会关系网络。社会关系网络源自人情，衍生出利益，其对资源配置效率的影响力不言而喻。对企业来说，能够以更低的成本获得更高的收益是社会关系网络的一项重要功能（Dahl and Pedersen，2005）。

借鉴张敏等（2015）的方法，从以下六个方面衡量董事长和总经理的社会关系网络的丰富程度。第一，金融机构关系网络，若董事长或总经理曾经在银行等金融机构任职，则金融机构关系网络记为1，否则记为0。这是因为，董事长或总经理在银行等金融机构的从业经历有助于企业今后获取经营发展所需的资金（邹国庆和高向飞，2008；陈爽英等，2010）。第二，协会关系网络，若董事长或总经理加入了某一个行业协会，则该网络记为1，否则记为0。一些文献（陈爽英等，2010；游家兴和刘淳，2011）指出，董事长或总经理与行业协会之间的联系有助于快速获取市场相关信息和行业发展趋势，从而提升企业在行业竞争中的地位。第三，市场关系网络，如果董事长或总经理在其他企业任过职，且这一数量高于样本平均值，则记为1，否则记为0。孙俊华和陈传明（2009）、游家兴和刘淳（2011）的研究表明，市场关系网络包含了企业与竞争对手之间、企业上下游之间以及企业与合作伙伴之间等三类关系的总和，丰富的市场关系网络有助于企业获得稳定且实惠的供销渠道。第四，校友关系网络，如果董事长或总经理有过就读工商管理硕士（MBA）或高级管理人员工商管理硕士（EMBA）的经历，则记为1，否则记为0。俞鸿琳（2013）指出，校友会是一个相当重要的人际关系交流平台，许多人参加MBA或EMBA的首要目的就是获取更加广泛的人脉资源。第五，关系网络声誉，如果董事长或总经理得到的荣誉称号数量和获奖数量高于样本平均值，则记为1，否则记为0。一般来说，荣誉称号数量和获奖数量是企业家社会地位的良好衡量标准，参照游家兴和刘淳（2011）的做法，上述荣誉称号和奖章包含五一劳动奖章、"全国劳动模范"称号、"中华慈善奖"、"全国优秀企业家"称号等。第六，关系网络积累，企业家与关系网络各个节点之间的信任程度和交情深度会不断加深，这使关系网络的广度和深度不断提高。参照邹国庆和高向飞

---

① 余明桂等（2013）、张敏等（2015）采用《中国市场化指数——各省区市场化相对进程2011年度报告》（樊纲等，2011）中的市场化指数刻画市场化水平，而本章采用《中国分省份市场化指数报告（2016）》中的市场化指数刻画市场化水平。由于数据截止时间为2014年，我们借鉴张敏等（2015）的做法，利用移动平均法计算得到2014～2019年的数据。

（2008）的做法，当董事长或总经理的年龄大于样本平均值时记为 1，否则记为 0。将以上六项指标的取值相加，采用加总值衡量社会关系网络的丰富程度。

4. 社会关注度

在互联网、移动互联网时代，搜索引擎肩负着汇聚、整合全球信息的重要使命，其作为人们获取信息的入口，能够根据相应算法针对不同用户的搜索行为进行内容分发。搜索指数是以用户的搜索数据为基础、以关键词为统计对象，科学分析、计算各个关键词的网页搜索频次的加权统计量。考虑到中国的互联网用户规模十分庞大[①]，以及百度公司在中国搜索引擎市场的统治地位，百度指数能够较为准确地洞察全社会的关注热点、追踪相关媒体（自媒体）的舆论趋势，因此是社会关注度的良好衡量指标。借鉴俞庆进和张兵（2012）、刘锋等（2014）、徐映梅和高一铭（2017）的做法，利用百度指数以公司名称、股票代码为关键词，人工查找年度 t 时股票 j 的搜索指数（日搜索指数的算术平均值），由于不同股票的搜索指数之间差异较大，因此采用其自然对数度量对应股票的社会关注度，该数值越大表示社会关注度越高：

$$SA_{j,t} = \ln\left(\text{NameIndex}_{j,t} + \text{NumberIndex}_{j,t}\right) \qquad (9.1)$$

其中，$\text{NameIndex}_{j,t}$、$\text{NumberIndex}_{j,t}$ 分别表示年度 t 时股票 j 的公司名称搜索指数、股票代码搜索指数；$SA_{j,t}$ 表示年度 t 时股票 j 的社会关注度。

5. 行业博弈状态

Lotka（1925）创立了种间关系研究的理论基础，其核心思想是：一个生态系统中存在两个相互关联的种群，它们的规模变量是互为因果的，通过将两者的增长方程进行联合估计可以得到两个种群规模数量的动态关系。Leslie（1958）将种间关系的表述形式由连续函数转为离散函数；Modis（1999）认为，鉴于金融市场的复杂性，有必要将 Lotka-Volterra 模型（洛特卡-沃尔泰模型，也称种群关系模型）扩展为多种群的动态关系模型；Sprott（2004）、杨瑞杰（2019）给出了多种群动态关系模型的一般形式。借鉴以上研究，本章建立了十种群的动态关系模型，计算股票市场上所有行业[②]中规模排名前十[③]的上市公司与其他九家上市公司

---

① 根据中国互联网络信息中心（China Internet Network Information Center, CNNIC）发布的第 41 次《中国互联网络发展状况统计报告》，中国的互联网用户规模在 2007 年便已突破 2.1 亿人，截至 2017 年底已达 7.73 亿人。

② 本书参照《申万行业分类标准 2014 版》中的一级行业分类标准，将上市公司分为银行、非银金融、医药生物、化工、电子、房地产、食品饮料、采掘、交通运输、机械设备、计算机、汽车、公用事业、有色金属、建筑装饰、传媒、电气设备、家用电器、通信、商业贸易、轻工制造、农林牧渔、国防军工、钢铁、建筑材料、纺织服装、休闲服务、综合，共 28 个行业。

③ 本书依据流通市值大小进行排序，在之后的稳健性检验中，我们将依据总市值大小和营业收入高低进行排序。

之间的动态关系，进而刻画每家上市公司在该行业的博弈状态，过程如下。

第一步，借鉴 Lotka（1925）、杨瑞杰（2019）的做法，假设上市公司独立发展时的股票收益率的累积分布为 Logistic 函数，且可能受到其他上市公司的影响，利用 NLS 估计方法对每个年度股票市场上所有行业规模排名前十的上市公司构成的非线性方程组进行估计（采用 Gauss-Newton 迭代法，精度设定为 10^{-5}）：

$$\begin{cases} r_{1,s+1} = \alpha_1 r_{1,s} \Bigg/ \left(\begin{aligned} & 1 + \beta_1 r_{1,s} + \gamma_{1,2} r_{2,s} + \gamma_{1,3} r_{3,s} + \gamma_{1,4} r_{4,s} + \gamma_{1,5} r_{5,s} \\ & + \gamma_{1,6} r_{6,s} + \gamma_{1,7} r_{7,s} + \gamma_{1,8} r_{8,s} + \gamma_{1,9} r_{9,s} + \gamma_{1,10} r_{10,s} \end{aligned} \right) \\ r_{2,s+1} = \alpha_2 r_{2,s} \Bigg/ \left(\begin{aligned} & 1 + \beta_2 r_{2,s} + \gamma_{2,1} r_{1,s} + \gamma_{2,3} r_{3,s} + \gamma_{2,4} r_{4,s} + \gamma_{2,5} r_{5,s} \\ & + \gamma_{2,6} r_{6,s} + \gamma_{2,7} r_{7,s} + \gamma_{2,8} r_{8,s} + \gamma_{2,9} r_{9,s} + \gamma_{2,10} r_{10,s} \end{aligned} \right) \\ \cdots \\ r_{10,s+1} = \alpha_{10} r_{10,s} \Bigg/ \left(\begin{aligned} & 1 + \beta_{10} r_{10,s} + \gamma_{10,1} r_{1,s} + \gamma_{10,2} r_{2,s} + \gamma_{10,3} r_{3,s} + \gamma_{10,4} r_{4,s} \\ & + \gamma_{10,5} r_{5,s} + \gamma_{10,6} r_{6,s} + \gamma_{10,7} r_{7,s} + \gamma_{10,8} r_{8,s} + \gamma_{10,9} r_{9,s} \end{aligned} \right) \end{cases} \quad (9.2)$$

其中，$r_{i,s}$ 表示同一行业中第 s 周股票 i 的收益率；α_i、β_i 表示种群 i 自身发展所遇到的阻力，α_i 越大、β_i 越小，种群 i 自身发展所遇到的阻力就越小；$\gamma_{i,j}$ 表示种间关系因子，反映股票 j 对股票 i 的影响力。

根据显著程度和符号方向，借鉴生态学的概念，我们可以定义公司之间的动态关系，包括竞争、捕食、共生、偏害、偏利以及中性。表 9.1 列示了详细的分类标准。

表 9.1　公司间的动态关系及影响形式

$\gamma_{i,j}$	$\gamma_{j,i}$	动态关系	影响形式
+	+	种类 1：竞争	公司 i 和公司 j 的发展侵蚀了对方的生存空间
+	−	种类 2：捕食	公司 i 的发展有益于公司 j，而公司 j 的发展却有损于公司 i
−	+	种类 3：捕食	公司 j 的发展有益于公司 i，而公司 i 的发展却有损于公司 j
−	−	种类 4：共生	公司 i 和公司 j 相互促进、共同发展
+	不显著	种类 5：偏害	公司 j 的发展有损于公司 i
不显著	+	种类 6：偏害	公司 i 的发展有损于公司 j
−	不显著	种类 7：偏利	公司 j 的发展有益于公司 i
不显著	−	种类 8：偏利	公司 i 的发展有益于公司 j
不显著	不显著	种类 9：中性	公司 i 和公司 j 相互独立、互不影响

第二步，将每家公司包含的 9 种动态关系（每家公司都与其他 9 家形成动态关系，且每种动态关系有 9 种可能性，需要注意的是，捕食、偏害、偏利有正反

之分）进行得票统计，令得票数大于或等于 3 的动态关系为该公司在所属行业的博弈状态（每家公司最多对应 3 种行业博弈状态，即包含 3 种动态关系，每种动态关系得票数为 3）：

$$S_{w,i} = \begin{cases} 1, & \sum_{j=1}^{9} s_{w,ij} \geqslant 3, & w = 1,2,3,\cdots \\ 0, & \sum_{j=1}^{9} s_{w,ij} < 3, & w = 1,2,3,\cdots \end{cases} \quad (9.3)$$

其中，$s_{w,ij}$ 表示同一行业中公司 i 与公司 j 的动态关系是否属于种类 w，肯定为 1，否则为 0；$S_{w,i}$ 表示同一行业中公司 i 的行业博弈状态是否属于种类 w，肯定为 1，否则为 0。

第三步，定义虚拟变量：$Competition_{i,t}$、$Predation2_{i,t}$、$Predation1_{i,t}$、$Mutualism_{i,t}$、$Amensalism2_{i,t}$、$Amensalism1_{i,t}$、$Commensalism2_{i,t}$、$Commensalism1_{i,t}$、$Neutral_{i,t}$，分别为年度 t 时公司 i 可能对应的行业博弈状态，即竞争、反向捕食、正向捕食、共生、反向偏害、正向偏害、反向偏利、正向偏利、中性，肯定为 1，否则为 0。

9.2.2　控制变量

为了剔除其他因素的干扰，借鉴已有文献（江轩宇，2016；陆瑶等，2017；张劲帆等，2017；温军和冯根福，2018；王营和张光利，2018；张杰和郑文平，2018；赵子夜等，2018），本章加入以下控制变量：研发投入（RD）、企业规模（Size）、企业年龄（Age）、政府补贴（GS）、企业出口（EX）、产权性质（SOE）、资产负债率（Lev）、资产收益率（ROA）、总资产周转率（TAT）、流动比率（LDR）、净资产增长率（NAG）、营业收入增长率（ORG）、固定资产比例（PPE）、托宾 Q 值（TQ）、赫芬达尔指数（HI）、董事会规模（BS）、独立董事比例（RID）、股权集中度（OC）、机构持股比例（PISH）。所有变量的定义与度量方法见表 9.2。

表 9.2　变量的定义与度量方法

变量名称	符号	度量方法
交叉传染风险	$\beta^{contagion}$	具体计算方法参见公式（3.1）～公式（3.9）、公式（3.14）、公式（3.15）、公式（3.16c）
创新数量	Inv_quantity	企业"申请日"提交并最终获得中国国家知识产权局授权的专利数目，其中的专利包括发明专利、实用新型专利和外观设计专利
创新质量（均值）	Inv_quality^{mean}	具体计算方法参见公式（3.17）、公式（3.18）
创新质量（中位数）	Inv_quality^{median}	具体计算方法参见公式（3.17）、公式（3.19）

续表

变量名称	符号	度量方法
研发投入	RD	企业的研发投入
企业社会责任	CSR	RKS 的上市公司社会责任报告的评价结果
市场化水平	Marketization	利用《中国分省份市场化指数报告（2016）》中的市场化指数衡量
董事长的社会关系网络	Chairman_net	通过董事长的金融机构关系网络、协会关系网络、市场关系网络、校友关系网络、关系网络声誉、关系网络积累六项指标加总计算
总经理的社会关系网络	Manager_net	通过总经理的金融机构关系网络、协会关系网络、市场关系网络、校友关系网络、关系网络声誉、关系网络积累六项指标加总计算
社会关注度	SA	具体计算方法参见公式（9.1）
竞争	Competition	参见公式（9.2）、公式（9.3）：博弈状态为竞争记为 1，否则记为 0
反向捕食	Predation2	参见公式（9.2）、公式（9.3）：博弈状态为反向捕食记为 1，否则记为 0
正向捕食	Predation1	参见公式（9.2）、公式（9.3）：博弈状态为正向捕食记为 1，否则记为 0
共生	Mutualism	参见公式（9.2）、公式（9.3）：博弈状态为共生记为 1，否则记为 0
反向偏害	Amensalism2	参见公式（9.2）、公式（9.3）：博弈状态为反向偏害记为 1，否则记为 0
正向偏害	Amensalism1	参见公式（9.2）、公式（9.3）：博弈状态为正向偏害记为 1，否则记为 0
反向偏利	Commensalism2	参见公式（9.2）、公式（9.3）：博弈状态为反向偏利记为 1，否则记为 0
正向偏利	Commensalism1	参见公式（9.2）、公式（9.3）：博弈状态为正向偏利记为 1，否则记为 0
中性	Neutral	参见公式（9.2）、公式（9.3）：博弈状态为中性记为 1，否则记为 0
企业规模	Size	总资产的自然对数
企业年龄	Age	成立年数加一的自然对数
政府补贴	GS	政府补贴金额的自然对数
企业出口	EX	存在出口活动记为 1，否则记为 0
产权性质	SOE	国有企业记为 1，否则记为 0
资产负债率	Lev	总负债与总资产之比
资产收益率	ROA	净利润与总资产之比
总资产周转率	TAT	销售收入与总资产之比
流动比率	LDR	流动资产与流动负债之比
净资产增长率	NAG	当年净资产相对于上年净资产的增长率
营业收入增长率	ORG	当年营业收入相对于上年营业收入的增长率

续表

变量名称	符号	度量方法
固定资产比例	PPE	固定资产与总资产之比
托宾 Q 值	TQ	市值与净资产之比
赫芬达尔指数	HI	同一行业内的所有企业采用销售收入计算的市场份额平方和
董事会规模	BS	董事人数
独立董事比例	RID	独立董事人数与董事人数之比
股权集中度	OC	前十大股东持股比例的平方和
机构持股比例	PISH	机构投资者的持股比例

9.2.3　计量模型

借鉴 Pakes 和 Griliches（1984）、Griliches（1998）、Hu 和 Jefferson（2009）的研究方法，本节在专利生产函数的基础之上，结合系统性风险与技术创新的内在联系，构建计量模型。

第一，利用回归方程（9.4）研究交叉传染风险与创新数量和质量的关系：

$$\text{Inv\_quantity}_{i,t}\left(\text{Inv\_quality}_{i,t}\right) = \varphi_0 + \varphi_1 \ln\left(\text{RD}_{i,t-1}\right) + \varphi_2 \ln\left(\text{RD}_{i,t-2}\right)$$
$$+ \varphi_3 \beta_{i,t}^{\text{contagion}} + \chi_1 \text{Control}_{i,t-1} + \chi_2 \text{Ind}_i + \chi_3 \text{Year}_t + \varepsilon_{i,t}$$

$$(9.4)$$

其中，$\text{Inv\_quantity}_{i,t}$、$\text{Inv\_quality}_{i,t}$ 分别表示年度 t 时企业 i 的创新数量、创新质量，对于创新质量进一步采用 $\text{Inv\_quality}_{i,t}^{\text{mean}}$（均值）、$\text{Inv\_quality}_{i,t}^{\text{median}}$（中位数）刻画；$\ln\left(\text{RD}_{i,t-1}\right)$ 表示年度 t–1 时企业 i 的研发投入的自然对数[①]；$\beta_{i,t}^{\text{contagion}}$ 表示年度 t 时企业 i 的交叉传染风险；$\text{Control}_{i,t-1}$ 表示年度 t–1 时企业 i 的控制变量序列；Ind_i 表示企业 i 的行业虚拟变量序列[②]；Year_t 表示年度 t 时的年度虚拟变量序列。

第二，利用回归方程（9.5）研究企业社会责任是否会影响交叉传染风险与创新数量和质量的关系：

---

① Wang 和 Hagedoorn（2014）认为，专利产出受研发投入的滞后项影响，且作用形式多样，本节在回归方程（9.4）中尝试加入 $\ln\left(\text{RD}_{i,t}\right)$、$\ln\left(\text{RD}_{i,t-1}\right)$、$\ln\left(\text{RD}_{i,t-2}\right)$、$\left(\ln\left(\text{RD}_{i,t}\right)\right)^2$、$\left(\ln\left(\text{RD}_{i,t-1}\right)\right)^2$、$\left(\ln\left(\text{RD}_{i,t-2}\right)\right)^2$ 以分别刻画滞后期和对应的作用形式，发现不存在二次项的非线性作用形式，且一阶滞后项、二阶滞后项均显著。以上回归方程中研发投入的作用形式与张杰和郑文平（2018）的模型设定一致，滞后阶数略有不同，他们的模型中只有一阶滞后项显著，因此仅保留了一阶滞后项。

② 中国各个行业的发展水平差异较大、发展潜力参差不齐，本书采用中国证监会公布的《上市公司行业分类指引》（2012 年修订）中的二级行业分类。

$$\text{Inv\_quantity}_{i,t}\left(\text{Inv\_quality}_{i,t}\right) = \varphi_0 + \varphi_1 \ln\left(\text{RD}_{i,t-1}\right) + \varphi_2 \ln\left(\text{RD}_{i,t-2}\right) + \varphi_3 \beta_{i,t}^{\text{contagion}}$$
$$+ \varphi_4 \text{CSR}_{i,t} + \varphi_5 \beta_{i,t}^{\text{contagion}} \times \text{CSR}_{i,t}$$
$$+ \chi_1 \text{Control}_{i,t-1} + \chi_2 \text{Ind}_i + \chi_3 \text{Year}_t + \varepsilon_{i,t}$$

$$(9.5)$$

其中，$\text{CSR}_{i,t}$ 表示年度 t 时企业 i 的社会责任表现；$\beta_{i,t}^{\text{contagion}} \times \text{CSR}_{i,t}$ 表示年度 t 时企业 i 的交叉传染风险与社会责任表现的交互项。

第三，利用回归方程（9.6）研究市场化水平是否会影响交叉传染风险与创新数量和质量的关系：

$$\text{Inv\_quantity}_{i,t}\left(\text{Inv\_quality}_{i,t}\right) = \varphi_0 + \varphi_1 \ln\left(\text{RD}_{i,t-1}\right) + \varphi_2 \ln\left(\text{RD}_{i,t-2}\right) + \varphi_3 \beta_{i,t}^{\text{contagion}}$$
$$+ \varphi_4 \text{Marketization}_{i,t} + \varphi_5 \beta_{i,t}^{\text{contagion}} \times \text{Marketization}_{i,t}$$
$$+ \chi_1 \text{Control}_{i,t-1} + \chi_2 \text{Ind}_i + \chi_3 \text{Year}_t + \varepsilon_{i,t}$$

$$(9.6)$$

其中，$\text{Marketization}_{i,t}$ 表示年度 t 时企业 i 所在地区的市场化水平；$\beta_{i,t}^{\text{contagion}} \times \text{Marketization}_{i,t}$ 表示年度 t 时企业 i 的交叉传染风险与所在地区市场化水平的交互项。

第四，利用回归方程（9.7）研究董事长、总经理的社会关系网络是否会影响交叉传染风险与创新数量和质量的关系：

$$\text{Inv\_quantity}_{i,t}\left(\text{Inv\_quality}_{i,t}\right) = \varphi_0 + \varphi_1 \ln\left(\text{RD}_{i,t-1}\right) + \varphi_2 \ln\left(\text{RD}_{i,t-2}\right)$$
$$+ \varphi_3 \beta_{i,t}^{\text{contagion}} + \varphi_4 \text{Chairman\_net}_{i,t}$$
$$+ \varphi_5 \beta_{i,t}^{\text{contagion}} \times \text{Chairman\_net}_{i,t}$$
$$+ \varphi_6 \text{Manager\_net}_{i,t} + \varphi_7 \beta_{i,t}^{\text{contagion}} \times \text{Manager\_net}_{i,t}$$
$$+ \chi_1 \text{Control}_{i,t-1} + \chi_2 \text{Ind}_i + \chi_3 \text{Year}_t + \varepsilon_{i,t}$$

$$(9.7)$$

其中，$\text{Chairman\_net}_{i,t}$、$\text{Manager\_net}_{i,t}$ 分别表示年度 t 时企业 i 的董事长、总经理的社会关系网络的丰富程度；$\beta_{i,t}^{\text{contagion}} \times \text{Chairman\_net}_{i,t}$ 表示年度 t 时企业 i 的交叉传染风险与董事长的社会关系网络丰富程度的交互项；$\beta_{i,t}^{\text{contagion}} \times \text{Manager\_net}_{i,t}$ 表示年度 t 时企业 i 的交叉传染风险与总经理的社会关系网络丰富程度的交互项。

第五，利用回归方程（9.8）研究社会关注度是否会影响交叉传染风险与创新数量和质量的关系：

$$\text{Inv\_quantity}_{i,t}\left(\text{Inv\_quality}_{i,t}\right) = \varphi_0 + \varphi_1 \ln\left(\text{RD}_{i,t-1}\right) + \varphi_2 \ln\left(\text{RD}_{i,t-2}\right)$$
$$+ \varphi_3 \beta_{i,t}^{\text{contagion}} + \varphi_4 \text{SA}_{i,t} + \varphi_5 \beta_{i,t}^{\text{contagion}} \times \text{SA}_{i,t} \qquad (9.8)$$
$$+ \chi_1 \text{Control}_{i,t-1} + \chi_2 \text{Ind}_i + \chi_3 \text{Year}_t + \varepsilon_{i,t}$$

其中，$\text{SA}_{i,t}$ 表示年度 t 时企业 i 的社会关注度；$\beta_{i,t}^{\text{contagion}} \times \text{SA}_{i,t}$ 表示年度 t 时企业 i 的交叉传染风险与社会关注度的交互项。

第六，利用回归方程（9.9）研究行业博弈状态是否会影响交叉传染风险与创新数量和质量的关系：

$$\text{Inv\_quantity}_{i,t}\left(\text{Inv\_quality}_{i,t}\right) = \varphi_0 + \varphi_1 \ln\left(\text{RD}_{i,t-1}\right) + \varphi_2 \ln\left(\text{RD}_{i,t-2}\right) + \varphi_3 \beta_{i,t}^{\text{contagion}}$$
$$+ \varphi_4 \text{Competition}_{i,t} + \varphi_5 \beta_{i,t}^{\text{contagion}} \times \text{Competition}_{i,t}$$
$$+ \varphi_6 \text{Predation2}_{i,t} + \varphi_7 \beta_{i,t}^{\text{contagion}} \times \text{Predation2}_{i,t}$$
$$+ \varphi_8 \text{Predation1}_{i,t} + \varphi_9 \beta_{i,t}^{\text{contagion}} \times \text{Predation1}_{i,t}$$
$$+ \varphi_{10} \text{Mutualism}_{i,t} + \varphi_{11} \beta_{i,t}^{\text{contagion}} \times \text{Mutualism}_{i,t}$$
$$+ \varphi_{12} \text{Amensalism2}_{i,t} + \varphi_{13} \beta_{i,t}^{\text{contagion}} \times \text{Amensalism2}_{i,t}$$
$$+ \varphi_{14} \text{Amensalism1}_{i,t} + \varphi_{15} \beta_{i,t}^{\text{contagion}} \times \text{Amensalism1}_{i,t}$$
$$+ \varphi_{16} \text{Commensalism2}_{i,t} + \varphi_{17} \beta_{i,t}^{\text{contagion}} \times \text{Commensalism2}_{i,t}$$
$$+ \varphi_{18} \text{Commensalism1}_{i,t} + \varphi_{19} \beta_{i,t}^{\text{contagion}} \times \text{Commensalism1}_{i,t}$$
$$+ \varphi_{20} \text{Neutral}_{i,t} + \varphi_{21} \beta_{i,t}^{\text{contagion}} \times \text{Neutral}_{i,t}$$
$$+ \chi_1 \text{Control}_{i,t-1} + \chi_2 \text{Ind}_i + \chi_3 \text{Year}_t + \varepsilon_{i,t}$$

$$(9.9)$$

其中，$\text{Competition}_{i,t}$、$\text{Predation2}_{i,t}$、$\text{Predation1}_{i,t}$、$\text{Mutualism}_{i,t}$、$\text{Amensalism2}_{i,t}$、$\text{Amensalism1}_{i,t}$、$\text{Commensalism2}_{i,t}$、$\text{Commensalism1}_{i,t}$、$\text{Neutral}_{i,t}$ 分别表示年度 t 时企业 i 的行业博弈状态是否为竞争、反向捕食、正向捕食、共生、反向偏害、正向偏害、反向偏利、正向偏利、中性；$\beta_{i,t}^{\text{contagion}} \times \text{Competition}_{i,t}$、$\beta_{i,t}^{\text{contagion}} \times \text{Predation2}_{i,t}$、$\beta_{i,t}^{\text{contagion}} \times \text{Predation1}_{i,t}$、$\beta_{i,t}^{\text{contagion}} \times \text{Mutualism}_{i,t}$、$\beta_{i,t}^{\text{contagion}} \times \text{Amensalism2}_{i,t}$、$\beta_{i,t}^{\text{contagion}} \times \text{Amensalism1}_{i,t}$、$\beta_{i,t}^{\text{contagion}} \times \text{Commensalism2}_{i,t}$、$\beta_{i,t}^{\text{contagion}} \times \text{Commensalism1}_{i,t}$、$\beta_{i,t}^{\text{contagion}} \times \text{Neutral}_{i,t}$ 分别表示年度 t 时企业 i 的交叉传染风险与行业博弈状态是否为竞争、反向捕食、正向捕食、共生、反向偏害、正向偏害、反向偏利、正向偏利、中性的交互项。

9.3　样本选取与统计描述

9.3.1　数据来源

本章将样本的时间范围设定为 2008～2017 年，剔除 2008 年以前的数据主要是因为股权分置改革会对企业的治理水平和经营绩效产生较大影响（廖理等，2008；陈胜蓝和卢锐，2012；陈信元和黄俊，2016），会在以下两方面干扰本章的研究：①加大了由政府干预导致的股市波动性突变的风险（袁鲲等，2014），这可能会影响市场风险及其展开后的不同种类、更加细分的系统性风险，如交叉传染风险；②降低了企业现金股利的平稳性，这可能会影响创新数量和质量。此外，RKS 于 2009 年才开始发布企业社会责任报告的评价结果（当年发布的评价结果针对的是企业上一年的社会责任表现，所以本章研究的时间起点为 2008 年），《中国分省份市场化指数报告（2016）》中的市场化指数的时间起点同样为 2008 年。

本章将样本的个体范围设定为中国股票市场上的所有企业，并对初始数据进行如下处理：①为了计算市场风险及其展开后的不同种类、更加细分的系统性风险，需要采用普通最小二乘法通过滚动回归 24 个月得到样本估计值的标准误，从而与先验估计值的标准误一起，计算后验估计值的收缩权重，因此剔除不满足连续 24 个交易月度的样本；②考虑到上市企业的分公司、子公司均存在专利申请行为，手动收集每一家上市企业拥有的全部分公司、子公司的专利申请数据，加总形成对应上市企业的专利申请数据；③剔除金融类上市企业；④剔除 ST、*ST、PT 类上市企业；⑤剔除 2007 年末没有完成股权分置改革的上市企业；⑥剔除数据缺失的样本。

需要注意的是，研究行业博弈状态是否会影响交叉传染风险与技术创新数量和质量的关系时，将样本的时间范围设定为 2013～2017 年，剔除 2013 年以前的数据主要是因为行业博弈状态指标要求行业分类标准下的每个行业的上市公司数量至少为十家，我们参照的《申万行业分类标准 2014 版》中的一级行业分类标准也是最先满足这一条件的行业分类标准，样本的个体范围为中国股票市场上所有行业中规模排名前十的上市企业（依据流通市值大小进行排序，在后续的稳健性检验中，我们将依据总市值大小和营业收入高低进行排序）。

所有财务数据、股票交易数据均来源于 CSMAR 数据库和 Wind 数据库。本章从数据库中随机选取数据与上交所、深交所披露的企业财务数据进行比对，以保证数据质量。专利数据来源于中国专利数据库。企业社会责任数据来源于 RKS 的企业社会责任报告的评价结果。市场化水平数据来源于《中国分省份市场化指数报告（2016）》。董事长、总经理的社会关系网络包含的六项个人信息数据根据上市公司的年报手动整理得到，缺失部分通过搜索引擎、行业协会的官方网站等渠道进行补充。社会关注度数据来源于百度公司提供的 PC 搜索指数以及移动搜索指数。为了保证数据的有效性并消除异常值的影响，对所有连续变量按照 1% 的标准进行缩尾处理。为了解决潜在的组内自相关问题，借鉴 Petersen（2009）的方法，对所有回归方程均进行聚类稳健标准误处理。

9.3.2　描述性统计

表 9.3 列示了相关变量的描述性统计结果。可以发现：①采用企业"申请日"提交并最终获得中国国家知识产权局授权的专利数目度量的创新数量（Inv_quantity）、依据国际专利分类号并采用专利的知识宽度测算的创新质量（Inv_quality^{mean}、Inv_quality^{median}）的标准差较大（相对于均值来说），最小值和最大值的差距较为明显，说明不同企业之间的创新能力存在显著差别；②通过股票价格反映的企业承担的系统性风险中的交叉传染风险（$\beta^{contagion}$）的均值为 0.468，与宏观经济风险（β^{macro}）的均值 0.413、微观企业风险（β^{micro}）的均值 0.294 相比处于较高水平，说明相对宏观经济风险、微观企业风险来说，交叉传染风险才是企业所承担的系统性风险的最为重要的因素，此外，交叉传染风险（$\beta^{contagion}$）的标准差为 1.613，与宏观经济风险（β^{macro}）的标准差 1.021 和微观企业风险（β^{micro}）的标准差 1.905 相比处于中等水平；③企业社会责任（CSR）的最小值为 12.17、最大值为 83.95，说明不同企业的社会责任表现相差很大；④企业所在地区的市场化水平（Marketization）的最小值为 0.330、最大值为 11.800，反映了不同企业所在地的经济发展水平、资源流动自由度、法治健全度和政府干预度等存在着明显差异；⑤董事长的社会关系网络（Chairman_net）的均值较之总经理的社会关系网络（Manager_net）更大，对应的标准差也更大，这反映了董事长的社会关系网络比总经理的社会关系网络更加丰富，且不同企业之间的差异也较为明显；⑥博弈状态为竞争（Competition）的企业数量最多，其他的博弈状态分布较为平衡，相对来说，博弈状态为共生（Mutualism）和中性（Neutral）的企业数量较少，这意味着同一行业中仅有少数企业能够与其他企业"和平相处"或者至少"互不干扰"。

表 9.3　描述性统计结果

变量	样本量	均值	标准差	最小值	最大值
$\beta^{contagion}$	9219	0.468	1.613	0.209	0.950
Inv_quantity	9219	19.029	44.087	0	319
Inv_quality^{mean}	9219	0.488	0.357	0	0.819

续表

变量	样本量	均值	标准差	最小值	最大值
Inv_quality^{median}	9219	0.451	0.304	0	0.807
ln(RD)	9219	18.224	1.395	5.312	25.025
CSR	9219	55.98	32.35	12.17	83.95
Marketization	9219	8.276	2.204	0.330	11.800
Chairman_net	9219	0.807	0.409	0	1
Manager_net	9219	0.550	0.275	0	1
SA	9219	5.736	0.846	4.558	9.059
Competition	1196	0.214	0.293	0	1
Predation2	1196	0.111	0.354	0	1
Predation1	1196	0.135	0.188	0	1
Mutualism	1196	0.071	0.286	0	1
Amensalism2	1196	0.148	0.412	0	1
Amensalism1	1196	0.161	0.221	0	1
Commensalism2	1196	0.172	0.373	0	1
Commensalism1	1196	0.132	0.174	0	1
Neutral	1196	0.096	0.142	0	1
Size	9219	22.044	1.007	20.707	28.319
Age	9219	2.902	1.699	0.698	3.220
GS	9219	15.805	1.145	12.113	18.564
EX	9219	0.347	0.210	0	1
SOE	9219	0.508	0.396	0	1
Lev	9219	0.530	0.196	0.056	0.960
ROA	9219	0.025	0.057	−0.270	0.191
TAT	9219	0.583	0.910	0.103	1.536
LDR	9219	1.367	1.729	0.705	3.286
NAG	9219	0.052	0.183	−0.225	0.508
ORG	9219	0.128	0.672	−0.270	1.856
PPE	9219	0.313	0.197	0.003	0.775
TQ	9219	1.419	0.881	0.911	8.003
HI	9219	0.112	0.080	0.023	0.540
BS	9219	8.795	1.504	5	15
RID	9219	0.365	0.064	0.332	0.575
OC	9219	0.627	0.249	0.241	0.753
PISH	9219	0.081	0.124	0	0.704

9.4　实　证　分　析

9.4.1　基于分组下的交叉传染风险与技术创新

　　本节分析基于分组下的交叉传染风险与创新数量和质量的关系：首先，将每个年度的股票按照所承载的交叉传染风险从低到高进行排序并等分为 10 组；其次，计算每个组合所有企业在下个年度的创新数量（Inv_quantity）和创新质量（Inv_quality^{mean}、Inv_quality^{median}）；再次，计算每个组合在下个年度的简单算术平均的创新数量和质量；最后，对每个组合下的创新数量和质量的序列进行经 Newey-West 稳健标准误调整后的均值 t 检验。

　　由表 9.4 可得，随着交叉传染风险的提升，企业组合创新数量和质量（无论是采用均值加总的 Inv_quality^{mean}，还是采用中位数加总的 Inv_quality^{median}）均呈现下降趋势，承担交叉传染风险最大的企业组合 $Q10$ 的创新数量和质量显著低于承担交叉传染风险最小的企业组合 $Q1$。这意味着，企业所承担的系统性风险中的交叉传染风险与创新数量和质量之间可能均存在着负相关关系。

表 9.4　基于分组下的交叉传染风险与创新数量和质量

分位点	Inv_quantity	Inv_quality^{mean}	Inv_quality^{median}
$Q1$	19.702	0.503	0.490
$Q2$	19.335	0.491	0.486
$Q3$	18.939	0.493	0.472
$Q4$	18.519	0.480	0.454
$Q5$	18.700	0.480	0.459
$Q6$	18.363	0.469	0.443
$Q7$	17.804	0.462	0.443
$Q8$	18.105	0.467	0.438
$Q9$	17.712	0.462	0.440
$Q10$	17.320	0.459	0.435
$Q10 - Q1$	-2.382^{***} (-3.90)	-0.044^{***} (-3.75)	-0.055^{***} (-3.42)

　　注：括号内的数字为经 Newey-West 稳健标准误调整后的 t 值

　　***表示 1%的显著性水平

9.4.2　交叉传染风险与技术创新的回归分析

　　表 9.5 给出了交叉传染风险与创新数量和质量关系的固定效应估计结果。我

们加入了年度控制变量序列和行业控制变量序列以分别控制年度效应和行业效应，并对标准误进行了公司维度的聚类处理以解决潜在的组内自相关问题（Petersen，2009）。可以看出，交叉传染风险显著降低了创新数量（Inv_quantity）和创新质量（Inv_quality^{mean}、Inv_quality^{median}），无论是在加入控制变量序列之前还是之后均呈现显著的负相关关系，这在一定程度上保证了回归结果的稳健性。以上结果支持了 H3：交叉传染风险越高，技术创新水平越低。此外，企业规模（Size）与创新数量和质量正相关，说明了具有较强经济实力的企业可以为技术创新提供更好的支持；资产负债率（Lev）与创新数量和质量负相关，说明了还债压力较大的企业会将更多精力集中于短期经营，而不是集中于需要长期投入的技术创新，这与潘越等（2015）的观点一致；净资产增长率（NAG）、托宾 Q 值（TQ）、独立董事比例（RID）、机构持股比例（PISH）与创新数量和质量正相关，反映了企业的快速成长、良好的发展预期是技术创新的有效支撑，完善的外部治理水平促进了企业的技术创新；固定资产比例（PPE）、董事会规模（BS）与创新数量和质量负相关，表明较低的资金运作灵活性、冗余的内部组织结构限制了企业的技术创新。需要说明的是，滞后一期、滞后两期的研发投入均对当期的技术产出具有正向作用，这与专利生产函数的理论假说相一致。

表 9.5　交叉传染风险与创新数量和质量

变量	Inv_quantity		Inv_quality^{mean}		Inv_quality^{median}	
	（1）	（2）	（3）	（4）	（5）	（6）
L1.ln(RD)	4.545***	3.308***	0.088***	0.072***	0.085***	0.075***
	(2.70)	(3.34)	(3.44)	(4.36)	(3.01)	(3.96)
L2.ln(RD)	2.074**	1.511***	0.061***	0.037**	0.064***	0.040***
	(2.39)	(3.71)	(3.92)	(2.55)	(3.56)	(2.81)
$\beta^{contagion}$	−13.220***	−10.005***	−0.915***	−0.690***	−0.929***	−0.681***
	(−3.75)	(−5.60)	(−4.21)	(−3.08)	(−3.98)	(−3.29)
Size		2.238**		0.120**		0.116**
		(1.99)		(2.05)		(1.99)
Age		−10.990		−1.173*		−1.354*
		(−0.85)		(−1.70)		(−1.76)
GS		0.961**		0.170		0.150
		(2.02)		(1.14)		(1.26)
EX		3.016*		0.353		0.379
		(1.70)		(0.62)		(0.65)
SOE		−2.016		−0.197*		−0.221**
		(−1.03)		(−1.90)		(−1.95)

续表

变量	Inv_quantity		Inv_quality^{mean}		Inv_quality^{median}	
	（1）	（2）	（3）	（4）	（5）	（6）
Lev		−16.930***		−1.301*		−1.328*
		（−2.71）		（−1.92）		（−1.90）
ROA		−4.384***		−0.995*		−0.947**
		（−5.09）		（−1.69）		（−2.16）
TAT		−2.421		−0.155		−0.218
		（−1.30）		（−0.39）		（−0.70）
LDR		5.611		0.340		0.290
		（0.89）		（1.09）		（1.08）
NAG		2.023*		0.609**		0.542**
		（1.95）		（2.31）		（2.05）
ORG		6.886		0.210		0.296
		（1.30）		（0.56）		（0.61）
PPE		−1.631***		−0.081***		−0.075***
		（−6.82）		（−8.70）		（−9.30）
TQ		1.109*		0.146**		0.138**
		（1.68）		（2.50）		（2.33）
HI		0.493***		0.087***		0.092***
		（4.98）		（3.30）		（3.27）
BS		−0.109***		−0.009*		−0.011**
		（−3.32）		（−1.64）		（−2.36）
RID		2.070***		0.207***		0.195***
		（4.83）		（4.01）		（4.06）
OC		−0.124		0.002		0.002
		（−1.39）		（0.29）		（0.60）
PISH		13.443***		0.531***		0.589***
		（2.73）		（4.77）		（4.62）
行业/年度	是	是	是	是	是	是
公司聚类	是	是	是	是	是	是
Hausman-test	42.90***	64.30***	60.17***	51.09***	39.02***	43.69***
N	9219	9219	9219	9219	9219	9219
R^2	0.209	0.451	0.192	0.504	0.197	0.515

注：括号内的数字为经 White 稳健标准误调整后的 t 值；L1.和 L2.分别表示滞后一期和滞后两期

***、**、*分别表示 1%、5%、10%的显著性水平

第 10 章　交叉传染风险影响技术创新的进一步分析

10.1　交叉传染风险影响技术创新的传导路径和作用机理

10.1.1　基于企业社会责任、市场化水平、董事长和总经理的社会关系网络、社会关注度视角

本节加入企业社会责任、市场化水平、董事长和总经理的社会关系网络、社会关注度与交叉传染风险的交互项，分别探讨企业的社会责任表现、所在地区的市场化水平、董事长和总经理的社会关系网络以及借助媒体、自媒体、搜索引擎等衡量的社会关注度是否会影响交叉传染风险与创新数量和质量的关系。为了确保交互项具有正确的经济学含义以及避免多重共线性的影响，我们对其进行了中心化处理。

由表 10.1 可得以下结论。第一，企业的社会责任表现越好，交叉传染风险与创新数量和质量的负向关系越弱。这与宋献中等（2017）的研究结果一致，可能的作用机理为：企业的社会责任可以通过信息效应和声誉保险效应两种传导机制作用于股票价格，并在一定程度上降低企业信息的不对称程度，缓解投资者的不理性情绪，因此对交叉传染风险的扩散起到了显著的抑制作用，间接减弱了交叉传染风险对企业技术创新的消极影响。这一结果支持了 H3a1：企业的社会责任表现越好，交叉传染风险与技术创新水平的负向关系越弱，与其相反的 H3a2 被否定。第二，企业所在地区的市场化水平越高，交叉传染风险与创新数量和质量的负向关系越弱。可能的原因是，市场化水平越低，企业越容易冒险并承担高于自身可承受能力的风险，这使得企业承担的风险与其对应网络中的风险相互传染并加大了交叉传染风险的作用强度。这一结果支持了 H3b：企业所在地区的市场化水平越高，交叉传染风险与技术创新水平的负向关系越弱。第三，董事长和总经理的社会关系网络越丰富，交叉传染风险与创新数量和质量的负向关系越弱，且相对于总经理，董事长的社会关系网络对交叉传染风险与技术创新水平的负向关系的影响更大。我们认为其中的原因是：企业对交叉传染风险的承受能力与其社会网络存在着千丝万缕的关系，即社会网络越复杂，企业可以承受的风险水平就越高，在一定程度上"分散"了交叉传染风险对技术创新的负面影响，董事长对企业的影响比总经理大很多，因此其社会网络对交叉传染风险与技术创新水平之

间关系的调节作用理应更强。这一结果支持了 H3c：董事长和总经理的社会关系网络越丰富，交叉传染风险与技术创新水平的负向关系越弱。第四，社会关注度越高，交叉传染风险与创新数量和质量的负向关系越弱。其中的原因可能是：上市企业的社会关注度越高，其管理层与投资者之间的信息传递也更为通畅，结合应千伟等（2017）提出的"市场压力效应"假说，这在一定程度上抑制了投资者受恐慌情绪影响而做出的非理性交易行为引发的风险传染，间接改善了企业技术创新的环境。这一结果支持了 H3d：社会关注度越高，交叉传染风险与技术创新水平的负向关系越弱。

表 10.1　调节作用：企业社会责任、市场化水平、董事长和总经理的社会关系网络、社会关注度

变量	Inv_quantity				
	（1）	（2）	（3）	（4）	（5）
$\beta^{contagion}$	−9.870***	−9.604***	−9.703***	−9.505***	−9.478***
	（−6.64）	（−5.93）	（−5.88）	（−6.12）	（−6.26）
CSR	0.715				
	（1.22）				
$\beta^{contagion} \times$ CSR	1.16**				
	（2.37）				
Marketization		0.140***			
		（7.79）			
$\beta^{contagion} \times$ Marketization		0.083***			
		（5.90）			
Chairman_net			1.856*		
			（1.91）		
$\beta^{contagion} \times$ Chairman_net			2.037***		
			（4.27）		
Manager_net				1.103**	
				（2.04）	
$\beta^{contagion} \times$ Manager_net				0.980**	
				（1.99）	
SA					−0.830
					（−1.31）
$\beta^{contagion} \times$ SA					0.334**
					（2.53）
控制变量	是	是	是	是	是
行业/年度	是	是	是	是	是

续表

变量	Inv_quantity				
	（1）	（2）	（3）	（4）	（5）
公司聚类	是	是	是	是	是
Hausman-test	65.90***	60.44***	63.29***	58.00***	60.41***
N	9219	9219	9219	9219	9219
R^2	0.454	0.456	0.456	0.453	0.457

变量	Inv_quality^{mean}				
	（6）	（7）	（8）	（9）	（10）
$\beta^{contagion}$	−0.693***	−0.688***	−0.691***	−0.696***	−0.694***
	（−3.17）	（−3.29）	（−3.01）	（−3.22）	（−3.16）
CSR	0.043*				
	（1.76）				
$\beta^{contagion} \times$ CSR	0.127***				
	（4.55）				
Marketization		0.062**			
		（2.41）			
$\beta^{contagion} \times$ Marketization		0.016***			
		（4.69）			
Chairman_net			0.209**		
			（2.06）		
$\beta^{contagion} \times$ Chairman_net			0.114***		
			（6.08）		
Manager_net				0.094**	
				（2.50）	
$\beta^{contagion} \times$ Manager_net				0.041***	
				（2.71）	
SA					0.102*
					（1.68）
$\beta^{contagion} \times$ SA					0.027***
					（3.65）
控制变量	是	是	是	是	是
行业/年度	是	是	是	是	是
公司聚类	是	是	是	是	是
Hausman-test	59.17***	66.20***	68.02***	57.64***	62.05***
N	9219	9219	9219	9219	9219
R^2	0.510	0.508	0.507	0.508	0.511

续表

变量	Inv_quality^median				
	（11）	（12）	（13）	（14）	（15）
$\beta^{\text{contagion}}$	−0.682***	−0.681***	−0.680***	−0.683***	−0.680***
	（−3.35）	（−3.44）	（−3.40）	（−3.38）	（−3.32）
CSR	0.041*				
	（1.80）				
$\beta^{\text{contagion}} \times \text{CSR}$	0.122***				
	（4.32）				
Marketization		0.065***			
		（2.66）			
$\beta^{\text{contagion}} \times \text{Marketization}$		0.015***			
		（4.30）			
Chairman_net			0.212**		
			（2.11）		
$\beta^{\text{contagion}} \times \text{Chairman\_net}$			0.112***		
			（6.05）		
Manager_net				0.095**	
				（2.47）	
$\beta^{\text{contagion}} \times \text{Manager\_net}$				0.040***	
				（2.77）	
SA					0.100*
					（1.65）
$\beta^{\text{contagion}} \times \text{SA}$					0.025***
					（3.38）
控制变量	是	是	是	是	是
行业/年度	是	是	是	是	是
公司聚类	是	是	是	是	是
Hausman-test	62.80***	60.15***	55.50***	59.96***	57.09***
N	9219	9219	9219	9219	9219
R^2	0.518	0.518	0.517	0.521	0.520

注：括号内的数字为经 White 稳健标准误调整后的 t 值

***、**、*分别表示 1%、5%、10%的显著性水平

10.1.2　基于行业博弈状态视角

本节加入反映上市企业的行业博弈状态（竞争、正向捕食、反向捕食、共生、正向偏害、反向偏害、正向偏利、反向偏利、中性）的各项指标与交叉传染风险

的交互项，探究企业的不同行业博弈状态是否会影响交叉传染风险与创新数量和质量的关系。为了确保交互项具有正确的经济学含义以及避免多重共线性的影响，我们对其进行了中心化处理。

由表 10.2 可得：①若上市企业的行业博弈状态为竞争、反向捕食，则交叉传染风险与创新数量和质量的负向关系就会增强；②若上市企业的行业博弈状态为共生、正向捕食，则交叉传染风险与创新数量和质量的负向关系就会减弱。以上结果表明，与自然界的生物争夺物质资源类似，上市企业同样会争夺同一行业内的"生态资源"以求自身的快速发展。通常来说，竞争状态和反向捕食状态主要体现在成熟行业中，即行业的增速已经放缓，余下的发展空间比较有限：处于竞争状态的上市企业，自身较之其他对手没有竞争优势；处于反向捕食状态的上市企业，自身较之其他对手处于竞争劣势，这既可能是因为较低的生产率，也可能是因为较落后的商业模式。以上两类企业相对于其他企业面临更大的竞争压力，稍有不慎就会被淘汰出局，鉴于交叉传染风险的高度不确定性和快速传染性，企业的应对措施往往将自保而不是具有试错性质的技术创新作为首要目标，这在一定程度上放大了交叉传染风险对企业技术创新的不利影响。处于正向捕食状态的上市企业的情况正好相反，它们自身拥有比对手更高的生产率或更加先进的商业模式，在行业博弈中即便遭遇交叉传染风险也具有更大的选择空间，相对来说更加愿意将精力投入到技术创新上，以便确保未来的行业主导地位，这在一定程度上减弱了交叉传染风险对企业技术创新的不利影响。共生状态的上市企业往往存在于新兴行业中，行业的发展空间巨大，且任何一方的发展均能促进行业进步，所有企业都会从中受益，因此在面临交叉传染风险时，技术创新的"正外部性"得以体现，大大减弱了交叉传染风险对企业技术创新的不利影响。以上结果支持了 H3e、H3f：若上市企业的行业博弈状态为竞争、反向捕食，则交叉传染风险与技术创新水平的负向关系会增强；若上市企业的行业博弈状态为共生、正向捕食，则交叉传染风险与技术创新水平的负向关系会减弱。

表 10.2　调节作用：行业博弈状态

变量	Inv_quantity								
	(1)	(2)	(3)	(4)	(5)	(6)	(7)	(8)	(9)
$\beta^{contagion}$	-9.807^{***}	-9.884^{***}	-9.816^{***}	-9.843^{***}	-9.797^{***}	-9.825^{***}	-9.860^{***}	-9.869^{***}	-9.872^{***}
	(−5.75)	(−5.51)	(−5.62)	(−5.88)	(−6.05)	(−5.41)	(−5.65)	(−5.98)	(−5.32)
Competition	−1.705								
	(−0.99)								
$\beta^{contagion} \times$ Competition	-1.015^{**}								
	(−2.40)								

续表

变量	Inv_quantity								
	（1）	（2）	（3）	（4）	（5）	（6）	（7）	（8）	（9）
Predation2		-2.470^{**}							
		(-2.19)							
$\beta^{contagion} \times$ Predation2		-1.205^{***}							
		(-4.17)							
Predation1			1.218^{*}						
			(1.73)						
$\beta^{contagion} \times$ Predation1			3.360^{***}						
			(3.08)						
Mutualism				2.001^{***}					
				(5.00)					
$\beta^{contagion} \times$ Mutualism				2.905^{***}					
				(2.87)					
Amensalism2					0.997				
					(1.16)				
$\beta^{contagion} \times$ Amensalism2					2.089				
					(0.45)				
Amensalism1						-1.305			
						(-1.29)			
$\beta^{contagion} \times$ Amensalism1						-0.592			
						(-0.70)			
Commensalism2							-2.003		
							(-0.33)		
$\beta^{contagion} \times$ Commensalism2							-0.664		
							(-1.12)		
Commensalism1								1.610	
								(0.35)	
$\beta^{contagion} \times$ Commensalism1								2.009	
								(1.40)	
Neutral									0.771
									(1.15)
$\beta^{contagion} \times$ Neutral									-1.079
									(-0.21)
控制变量	是	是	是	是	是	是	是	是	是
行业/年度	是	是	是	是	是	是	是	是	是

续表

变量	Inv_quantity								
	（1）	（2）	（3）	（4）	（5）	（6）	（7）	（8）	（9）
公司聚类	是	是	是	是	是	是	是	是	是
Hausman-test	64.50***	60.19***	66.20***	63.92***	64.06***	62.70***	58.14***	65.85***	63.09***
N	1196	1196	1196	1196	1196	1196	1196	1196	1196
R^2	0.472	0.470	0.470	0.465	0.467	0.469	0.473	0.471	0.466

变量	Inv_quality^{mean}								
	（10）	（11）	（12）	（13）	（14）	（15）	（16）	（17）	（18）
$\beta^{contagion}$	−0.694***	−0.692***	−0.695***	−0.690***	−0.691***	−0.696***	−0.694***	−0.693***	−0.691***
	（−3.76）	（−3.61）	（−3.50）	（−3.87）	（−3.51）	（−3.49）	（−3.54）	（−3.66）	（−3.45）
Competition	−0.086*								
	（−1.73）								
$\beta^{contagion} \times$ Competition	−0.054***								
	（−3.68）								
Predation2		−0.109***							
		（−4.84）							
$\beta^{contagion} \times$ Predation2		−0.076***							
		（−2.80）							
Predation1			0.060**						
			（1.98）						
$\beta^{contagion} \times$ Predation1			0.116**						
			（2.43）						
Mutualism				0.063***					
				（4.31）					
$\beta^{contagion} \times$ Mutualism				0.197***					
				（3.92）					
Amensalism2					0.060				
					（0.83）				
$\beta^{contagion} \times$ Amensalism2					0.047				
					（1.01）				
Amensalism1						−0.022			
						（−1.40）			
$\beta^{contagion} \times$ Amensalism1						−0.029			
						（−0.36）			
Commensalism2							0.058		
							（0.74）		

续表

变量	Inv_quality^{mean}								
	（10）	（11）	（12）	（13）	（14）	（15）	（16）	（17）	（18）
$\beta^{contagion} \times$ Commensalism2							0.095		
							(0.68)		
Commensalism1								0.099	
								(0.80)	
$\beta^{contagion} \times$ Commensalism1								0.086	
								(1.04)	
Neutral									−0.036
									(−0.29)
$\beta^{contagion} \times$ Neutral									−0.125
									(−0.48)
控制变量	是	是	是	是	是	是	是	是	是
行业/年度	是	是	是	是	是	是	是	是	是
公司聚类	是	是	是	是	是	是	是	是	是
Hausman-test	63.35***	66.01***	66.32***	65.40***	62.10***	64.47***	65.90***	65.71***	64.82***
N	1196	1196	1196	1196	1196	1196	1196	1196	1196
R^2	0.519	0.518	0.519	0.521	0.518	0.520	0.522	0.521	0.519

变量	Inv_quality^{median}								
	（19）	（20）	（21）	（22）	（23）	（24）	（25）	（26）	（27）
$\beta^{contagion}$	−0.680***	−0.681***	−0.678***	−0.680***	−0.680***	−0.678***	−0.679***	−0.680***	−0.682***
	(−3.37)	(−3.40)	(−3.45)	(−3.39)	(−3.42)	(−3.44)	(−3.41)	(−3.38)	(−3.40)
Competition	−0.083*								
	(−1.86)								
$\beta^{contagion} \times$ Competition	−0.055***								
	(−3.47)								
Predation2		−0.105***							
		(−4.71)							
$\beta^{contagion} \times$ Predation2		−0.079***							
		(−2.95)							
Predation1			0.059**						
			(2.02)						
$\beta^{contagion} \times$ Predation1			0.114**						
			(2.49)						
Mutualism				0.065***					
				(4.18)					

续表

变量	Inv_quality^{median}								
	(19)	(20)	(21)	(22)	(23)	(24)	(25)	(26)	(27)
$\beta^{contagion} \times$ Mutualism				0.199***					
				(3.86)					
Amensalism2					0.064				
					(0.96)				
$\beta^{contagion} \times$ Amensalism2					0.041				
					(1.29)				
Amensalism1						−0.020			
						(−1.16)			
$\beta^{contagion} \times$ Amensalism1						−0.034			
						(−0.50)			
Commensalism2							0.075		
							(0.41)		
$\beta^{contagion} \times$ Commensalism2							0.088		
							(0.73)		
Commensalism1								0.094	
								(0.85)	
$\beta^{contagion} \times$ Commensalism1								0.062	
								(1.25)	
Neutral									−0.039
									(−0.54)
$\beta^{contagion} \times$ Neutral									−0.141
									(−0.35)
控制变量	是	是	是	是	是	是	是	是	是
行业/年度	是	是	是	是	是	是	是	是	是
公司聚类	是	是	是	是	是	是	是	是	是
Hausman-test	58.90***	59.05***	58.45***	60.01***	60.13***	59.27***	58.76***	60.29***	59.44***
N	1196	1196	1196	1196	1196	1196	1196	1196	1196
R^2	0.530	0.527	0.529	0.531	0.528	0.532	0.530	0.526	0.531

注：括号内的数字为经 White 稳健标准误调整后的 t 值

***、**、*分别表示 1%、5%、10%的显著性水平

10.2 稳健性检验

10.2.1 针对技术创新的一阶滞后效应和反向因果关系的稳健性检验

第 9 章的结论表明：企业所承担的系统性风险中的交叉传染风险越高，技术创新水平越低。但是，企业承担的交叉传染风险可能与技术创新水平存在着反向

因果关系，即由于技术创新实力较强，企业对相关产品的定价能力也会较强，这使得基于网状结构的交叉传染风险对其负面影响大大减弱，上游供应商和下游销售商宁肯自身承担多余风险也不愿意与其产生矛盾，如微软公司、苹果公司等对上下游企业均有着强大的影响力。以上情况在一定程度上影响了企业的系统性风险承担水平，包括其对交叉传染风险的承担比例。另外，企业的技术创新水平通常具有延续性和平滑性，即上一期创新水平较高的企业在当期也会具有较高的创新水平，无论是创新数量还是创新质量。结合以上两点，我们有必要针对技术创新的一阶滞后效应和反向因果关系进行稳健性检验。

本节利用系统 GMM 针对技术创新的一阶滞后效应和反向因果关系进行稳健性检验。为了保证回归结果的可靠性，本节使用 Windmeijer（2005）所采用的两阶段纠偏稳健标准误进行检验。首先，企业社会责任、市场化水平、董事长和总经理的社会关系网络、企业规模、企业年龄、企业出口、产权性质、资产负债率、资产收益率、总资产周转率、流动比率、净资产增长率、营业收入增长率、固定资产比例、赫芬达尔指数、董事会规模、独立董事比例、股权集中度相对创新数量和质量而言，基本不存在内生性；企业承载的系统性风险中的交叉传染风险、政府补贴、托宾 Q 值、机构持股比例、社会关注度与创新数量和质量之间可能存在着内生关系，我们将其设定为内生变量。其次，企业社会责任、市场化水平、董事长和总经理的社会关系网络、社会关注度和交叉传染风险的交互项与创新数量和质量之间同样可能存在着内生关系，我们也将其设定为内生变量。最后，专利生产函数已经将企业的研发投入做了滞后处理，因此研发投入与创新数量和质量之间基本不存在内生性问题，我们将其设定为外生变量。由表 10.3 至表 10.5（不包含行业博弈状态调节项）可得，萨根检验和扰动项差分的二阶序列相关检验在统计上均不显著，说明不存在工具变量的过度识别问题且扰动项不存在一阶序列相关，因此符合系统 GMM 的要求。可以看出，系统 GMM 的结果与第 9 章结果基本一致，说明第 9 章的结论是稳健的。

表 10.3　针对技术创新的一阶滞后效应和反向因果关系的稳健性检验（一）

变量	Inv_quantity				
	（1）	（2）	（3）	（4）	（5）
L1.Inv_quantity	0.337^{***}	0.318^{***}	0.325^{***}	0.302^{***}	0.331^{***}
	（4.50）	（4.72）	（4.26）	（4.60）	（4.39）
$\beta^{contagion}$	-7.413^{***}	-7.581^{***}	-7.510^{***}	-7.476^{***}	-7.493^{***}
	（-3.90）	（-4.16）	（-3.71）	（-3.97）	（-4.04）
CSR	1.129				
	（1.01）				

续表

变量	Inv_quantity				
	（1）	（2）	（3）	（4）	（5）
$\beta^{contagion} \times \text{CSR}$	1.30**				
	(2.06)				
Marketization		0.103***			
		（5.90）			
$\beta^{contagion} \times \text{Marketization}$		0.078***			
		（4.25）			
Chairman_net			1.624**		
			（2.18）		
$\beta^{contagion} \times \text{Chairman\_net}$			1.885***		
			（4.50）		
Manager_net				1.209**	
				（2.41）	
$\beta^{contagion} \times \text{Manager\_net}$				0.676**	
				（2.30）	
SA					−1.785
					（−1.09）
$\beta^{contagion} \times \text{SA}$					0.328**
					（2.27）
控制变量	是	是	是	是	是
行业/年度	是	是	是	是	是
N	9219	9219	9219	9219	9219
AR(2) 检验 p 值	0.427	0.479	0.399	0.614	0.565
萨根检验 p 值	0.628	0.606	0.650	0.742	0.770

表 10.4　针对技术创新的一阶滞后效应和反向因果关系的稳健性检验（二）

变量	Inv_quality^{mean}				
	（6）	（7）	（8）	（9）	（10）
L1.Inv_quality^{mean}	0.261***	0.256***	0.250***	0.252***	0.259***
	（5.29）	（5.48）	（4.97）	（5.54）	（5.01）
$\beta^{contagion}$	−0.612***	−0.605***	−0.610***	−0.609***	−0.617***
	（−3.89）	（−3.99）	（−3.83）	（−4.01）	（−3.72）
CSR	0.060**				
	（1.96）				
$\beta^{contagion} \times \text{CSR}$	0.109***				
	（3.72）				

续表

变量	Inv_quality^{mean}				
	（6）	（7）	（8）	（9）	（10）
Marketization		0.057**			
		（2.30）			
$\beta^{contagion} \times$ Marketization		0.018***			
		（3.55）			
Chairman_net			0.201**		
			（2.00）		
$\beta^{contagion} \times$ Chairman_net			0.122***		
			（4.79）		
Manager_net				0.091**	
				（2.04）	
$\beta^{contagion} \times$ Manager_net				0.033**	
				（2.35）	
SA					0.080
					（1.49）
$\beta^{contagion} \times$ SA					0.025***
					（3.82）
控制变量	是	是	是	是	是
行业/年度	是	是	是	是	是
N	9219	9219	9219	9219	9219
AR(2) 检验 p 值	0.359	0.424	0.442	0.413	0.509
萨根检验 p 值	0.553	0.614	0.597	0.602	0.719

表 10.5 针对技术创新的一阶滞后效应和反向因果关系的稳健性检验（三）

变量	Inv_quality^{median}				
	（11）	（12）	（13）	（14）	（15）
L1.Inv_quality^{median}	0.202***	0.217***	0.209***	0.210***	0.212***
	（4.65）	（4.80）	（4.32）	（4.97）	（4.49）
$\beta^{contagion}$	−0.612***	−0.609***	−0.615***	−0.604***	−0.611***
	（−3.97）	（−4.08）	（−3.96）	（−4.16）	（−3.89）
CSR	0.061*				
	（1.94）				
$\beta^{contagion} \times$ CSR	0.108***				
	（3.94）				
Marketization		0.057**			
		（2.42）			

续表

变量	Inv_quality^{median}				
	（11）	（12）	（13）	（14）	（15）
$\beta^{contagion} \times$ Marketization		0.018***			
		(3.63)			
Chairman_net			0.200**		
			(2.09)		
$\beta^{contagion} \times$ Chairman_net			0.124***		
			(4.92)		
Manager_net				0.090**	
				(2.26)	
$\beta^{contagion} \times$ Manager_net				0.034**	
				(2.52)	
SA					0.069*
					(1.67)
$\beta^{contagion} \times$ SA					0.024***
					(3.90)
控制变量	是	是	是	是	是
行业/年度	是	是	是	是	是
N	9219	9219	9219	9219	9219
AR(2) 检验 p 值	0.403	0.419	0.474	0.460	0.538
萨根检验 p 值	0.570	0.648	0.552	0.637	0.605

注：括号内的数字为经 White 稳健标准误调整后的 t 值；L1.表示滞后一期

***、**、*分别表示 1%、5%、10%的显著性水平

考虑到数据处理流程和样本量的不同，我们单独进行包含行业博弈状态调节项的稳健性检验。同样利用系统 GMM，为了保证回归结果的可靠性，使用 Windmeijer（2005）所采用的两阶段纠偏稳健标准误进行检验。企业规模、企业年龄、企业出口、产权性质、资产负债率、资产收益率、总资产周转率、流动比率、净资产增长率、营业收入增长率、固定资产比例、赫芬达尔指数、董事会规模、独立董事比例、股权集中度相对创新数量和质量而言，基本不存在内生性；企业承载的系统性风险中的交叉传染风险、政府补贴、托宾 Q 值、机构持股比例与创新数量和质量之间可能存在着内生关系，我们将其设定为内生变量。此外，上市企业的所有行业博弈状态（竞争、反向捕食、正向捕食、共生、反向偏害、正向偏害、反向偏利、正向偏利、中性）及其对应交互项与创新数量和质量之间均可能存在内生关系，我们将其设定为内生变量。专利生产函数已经将企业的研发投入做了滞后处理，我们将研发投入设定为外生变量。由表 10.6 至表 10.8（包

含行业博弈状态调节项）可得，萨根检验和扰动项差分的二阶序列相关检验在统计上均不显著，说明不存在工具变量的过度识别问题且扰动项不存在一阶序列相关，因此符合系统 GMM 的要求。可以看出，系统 GMM 的结果与第 9 章结果基本一致，说明第 9 章的结论是稳健的。

表 10.6　针对技术创新的一阶滞后效应和反向因果关系的稳健性检验（四）

变量	Inv_quantity								
	（1）	（2）	（3）	（4）	（5）	（6）	（7）	（8）	（9）
L1.Inv_quantity	0.329***	0.320***	0.324***	0.317***	0.324***	0.327***	0.320***	0.315***	0.330***
	(4.77)	(4.89)	(4.70)	(4.59)	(4.46)	(4.95)	(4.80)	(4.65)	(4.91)
$\beta^{contagion}$	−7.205***	−7.312***	−7.270***	−7.241***	−7.349***	−7.258***	−7.355***	−7.303***	−7.299***
	(−3.80)	(−3.79)	(−4.02)	(−3.96)	(−4.09)	(−3.86)	(−3.90)	(−3.91)	(−4.16)
Competition	−1.301								
	(−0.76)								
$\beta^{contagion} \times$ Competition	−1.004**								
	(−2.05)								
Predation2		−2.506**							
		(−2.44)							
$\beta^{contagion} \times$ Predation2		−1.227***							
		(−3.08)							
Predation1			1.102**						
			(1.99)						
$\beta^{contagion} \times$ Predation1			3.107***						
			(3.64)						
Mutualism				1.783***					
				(4.37)					
$\beta^{contagion} \times$ Mutualism				2.610***					
				(3.51)					
Amensalism2					0.925				
					(1.00)				
$\beta^{contagion} \times$ Amensalism2					2.024				
					(0.79)				
Amensalism1						−1.516			
						(−1.52)			
$\beta^{contagion} \times$ Amensalism1						−0.504			
						(−0.56)			
Commensalism2							−2.646		
							(−1.17)		

续表

变量	Inv_quantity								
	（1）	（2）	（3）	（4）	（5）	（6）	（7）	（8）	（9）
$\beta^{contagion} \times$ Commensalism2							−0.733		
							（−1.25）		
Commensalism1								1.327	
								（0.95）	
$\beta^{contagion} \times$ Commensalism1								2.001	
								（1.28）	
Neutral									0.790
									（1.33）
$\beta^{contagion} \times$ Neutral									−1.040
									（−0.83）
控制变量	是	是	是	是	是	是	是	是	是
行业/年度	是	是	是	是	是	是	是	是	是
N	1196	1196	1196	1196	1196	1196	1196	1196	1196
AR(2) 检验 p 值	0.406	0.395	0.448	0.452	0.365	0.529	0.541	0.607	0.572
萨根检验 p 值	0.614	0.569	0.618	0.654	0.633	0.710	0.725	0.684	0.705

表 10.7　针对技术创新的一阶滞后效应和反向因果关系的稳健性检验（五）

变量	Inv_quality^{mean}								
	（10）	（11）	（12）	（13）	（14）	（15）	（16）	（17）	（18）
L1.Inv_quality^{mean}	0.275***	0.269***	0.272***	0.270***	0.268***	0.277***	0.274***	0.271***	0.266***
	（5.65）	（5.75）	（5.94）	（5.38）	（5.80）	（6.02）	（5.53）	（6.16）	（5.70）
$\beta^{contagion}$	−0.619***	−0.624***	−0.625***	−0.615***	−0.628***	−0.620***	−0.626***	−0.617***	−0.622***
	（−3.91）	（−3.85）	（−3.62）	（−3.70）	（−3.64）	（−3.57）	（−3.60）	（−3.89）	（−3.53）
Competition	−0.091*								
	（−1.88）								
$\beta^{contagion} \times$ Competition	−0.059***								
	（−3.31）								
Predation2		−0.122***							
		（−4.01）							
$\beta^{contagion} \times$ Predation2		−0.085***							
		（−2.92）							
Predation1			0.055**						
			（2.26）						
$\beta^{contagion} \times$ Predation1			0.103**						
			（2.30）						

续表

变量	Inv_quality^{mean}								
	（10）	（11）	（12）	（13）	（14）	（15）	（16）	（17）	（18）
Mutualism				0.061***					
				（4.59）					
$\beta^{contagion} \times$ Mutualism				0.184***					
				（4.35）					
Amensalism2					0.067				
					（0.60）				
$\beta^{contagion} \times$ Amensalism2					0.031				
					（1.29）				
Amensalism1						−0.034			
						（−1.15）			
$\beta^{contagion} \times$ Amensalism1						−0.038			
						（−0.50）			
Commensalism2							0.071		
							（0.56）		
$\beta^{contagion} \times$ Commensalism2							0.121		
							（0.94）		
Commensalism1								0.110	
								（0.65）	
$\beta^{contagion} \times$ Commensalism1								0.080	
								（0.73）	
Neutral									−0.044
									（−0.68）
$\beta^{contagion} \times$ Neutral									−0.131
									（−0.77）
控制变量	是	是	是	是	是	是	是	是	是
行业/年度	是	是	是	是	是	是	是	是	是
N	1196	1196	1196	1196	1196	1196	1196	1196	1196
AR(2) 检验 p 值	0.473	0.429	0.430	0.415	0.392	0.507	0.515	0.586	0.539
萨根检验 p 值	0.601	0.663	0.654	0.677	0.601	0.678	0.605	0.722	0.706

表 10.8 针对技术创新的一阶滞后效应和反向因果关系的稳健性检验（六）

变量	Inv_quality^{median}								
	（19）	（20）	（21）	（22）	（23）	（24）	（25）	（26）	（27）
Inv_ quality^{median}	0.195***	0.203***	0.201***	0.204***	0.207***	0.212***	0.204***	0.203***	0.208***
	（4.13）	（4.28）	（4.19）	（4.60）	（4.21）	（4.56）	（4.25）	（4.66）	（4.20）

续表

变量	Inv_quality^{median}								
	（19）	（20）	（21）	（22）	（23）	（24）	（25）	（26）	（27）
$\beta^{contagion}$	-0.605^{***}	-0.602^{***}	-0.606^{***}	-0.598^{***}	-0.604^{***}	-0.597^{***}	-0.609^{***}	-0.602^{***}	-0.605^{***}
	（−3.80）	（−3.65）	（−3.72）	（−3.70）	（−3.64）	（−3.78）	（−3.66）	（−3.59）	（−3.61）
Competition	-0.090^{*}								
	（−1.79）								
$\beta^{contagion} \times$ Competition	-0.057^{***}								
	（−3.46）								
Predation2		-0.120^{***}							
		（−3.85）							
$\beta^{contagion} \times$ Predation2		-0.086^{***}							
		（−2.90）							
Predation1			0.055^{**}						
			（2.31）						
$\beta^{contagion} \times$ Predation1			0.105^{**}						
			（2.16）						
Mutualism				0.064^{***}					
				（4.40）					
$\beta^{contagion} \times$ Mutualism				0.175^{***}					
				（4.12）					
Amensalism2					0.070				
					（0.78）				
$\beta^{contagion} \times$ Amensalism2					0.036				
					（1.43）				
Amensalism1						-0.030			
						（−1.20）			
$\beta^{contagion} \times$ Amensalism1						-0.035			
						（−0.68）			
Commensalism2							0.090		
							（0.64）		
$\beta^{contagion} \times$ Commensalism2							0.107		
							（0.99）		
Commensalism1								0.118	
								（0.79）	
$\beta^{contagion} \times$ Commensalism1								0.096	
								（0.45）	
Neutral									-0.071
									（−0.49）
$\beta^{contagion} \times$ Neutral									-0.130
									（−1.08）
控制变量	是	是	是	是	是	是	是	是	是

续表

变量	Inv_quality^{median}								
	（19）	（20）	（21）	（22）	（23）	（24）	（25）	（26）	（27）
行业/年度	是	是	是	是	是	是	是	是	是
N	1196	1196	1196	1196	1196	1196	1196	1196	1196
AR(2) 检验 p 值	0.430	0.425	0.446	0.463	0.408	0.496	0.540	0.579	0.554
萨根检验 p 值	0.626	0.660	0.650	0.575	0.682	0.603	0.674	0.723	0.699

注：括号内的数字为经 White 稳健标准误调整后的 t 值；L1.表示滞后一期

***、**、*分别表示 1%、5%、10%的显著性水平

10.2.2　针对股市周期的稳健性检验

　　结合本书的研究目的和内容，交叉传染风险的准确测算是基于动态混合 β 测度（资产定价模型）下不同种类系统性风险的有效度量，其与股票价格紧密相关，因此可能会受到"牛""熊"周期的影响。不仅如此，"牛""熊"周期对企业的研发投入同样具有重要影响，一般认为，企业在经济萧条时期普遍不愿意进行较大规模的投资，而在经济高涨时期则更加愿意进行长期投资（Rajan and Zingales，1998；Peneder，2008；Chava et al.，2013），技术创新需要占用企业大量的研发经费，且一般需要持续较长时期才能取得成果。鉴于"牛""熊"周期不仅可能影响企业所承担的交叉传染风险，还会对其技术创新产生干扰，有必要针对样本区间内的"牛市"和"熊市"进行子样本回归。

　　与 6.2.2 节和 8.2.2 节一样，我们同样针对样本区间内的"牛市"和"熊市"进行子样本回归，样本区间与回归方法也与 6.2.2 节和 8.2.2 节一致。表 10.9（不包含行业博弈状态调节项）列示了交叉传染风险与创新数量之间关系的稳健性检验结果，股票市场的"牛""熊"周期没有影响本书的主要结论：交叉传染风险越高，创新数量越少；企业的社会责任表现越好，交叉传染风险与创新数量的负向关系越弱；企业所在地区的市场化水平越高，交叉传染风险与创新数量的负向关系越弱；董事长和总经理的社会关系网络越丰富，交叉传染风险与创新数量的负向关系越弱；社会关注度越高，交叉传染风险与创新数量的负向关系越弱。

表 10.9　针对股市周期的稳健性检验：创新数量（Inv_quantity）（一）

变量	牛市				
	（1）	（2）	（3）	（4）	（5）
$\beta^{contagion}$	−9.225***	−9.230***	−9.228***	−9.236***	−9.232***
	（−4.76）	（−4.90）	（−4.52）	（−4.61）	（−4.88）
CSR		0.740			
		（1.39）			

续表

变量	牛市				
	（1）	（2）	（3）	（4）	（5）
$\beta^{contagion} \times CSR$	1.12**				
	(2.10)				
Marketization		0.155***			
		(5.45)			
$\beta^{contagion} \times Marketization$		0.090***			
		(4.62)			
Chairman_net			1.772*		
			(1.86)		
$\beta^{contagion} \times Chairman\_net$			2.010***		
			(4.05)		
Manager_net				1.196**	
				(1.97)	
$\beta^{contagion} \times Manager\_net$				0.874*	
				(1.68)	
SA					−0.919
					(−1.06)
$\beta^{contagion} \times SA$					0.305**
					(2.04)
控制变量	是	是	是	是	是
N	5162	5162	5162	5162	5162
R^2	0.389	0.382	0.381	0.385	0.388
变量	熊市				
	（6）	（7）	（8）	（9）	（10）
$\beta^{contagion}$	−6.110***	−6.117***	−6.203***	−6.109***	−6.114***
	(−5.07)	(−5.43)	(−5.29)	(−5.33)	(−5.09)
CSR	0.505				
	(1.22)				
$\beta^{contagion} \times CSR$	1.17**				
	(2.49)				
Marketization		0.132**			
		(2.50)			
$\beta^{contagion} \times Marketization$		0.077***			
		(3.59)			
Chairman_net			1.530*		
			(1.69)		

续表

变量	熊市				
	（6）	（7）	（8）	（9）	（10）
$\beta^{\text{contagion}} \times \text{Chairman\_net}$			2.442***		
			(4.76)		
Manager_net				1.533*	
				(1.70)	
$\beta^{\text{contagion}} \times \text{Manager\_net}$				1.291**	
				(2.28)	
SA					−0.706
					(−1.47)
$\beta^{\text{contagion}} \times \text{SA}$					0.414***
					(2.88)
控制变量	是	是	是	是	是
N	4057	4057	4057	4057	4057
R^2	0.303	0.310	0.309	0.302	0.306

注：括号内的数字为经 White 稳健标准误调整后的 t 值

***、**、*分别表示 1%、5%、10%的显著性水平

    表 10.10（不包含行业博弈状态调节项）列示了交叉传染风险与创新质量之间关系的稳健性检验结果（我们同样去除了年度控制变量序列和行业控制变量序列并采用 pooled OLS 估计），股票市场的"牛""熊"周期没有影响本书的主要结论：交叉传染风险越高，创新质量越低；企业的社会责任表现越好，交叉传染风险与创新质量的负向关系越弱；企业所在地区的市场化水平越高，交叉传染风险与创新质量的负向关系越弱；董事长和总经理的社会关系网络越丰富，交叉传染风险与创新质量的负向关系越弱；社会关注度越高，交叉传染风险与创新质量的负向关系越弱。结合表 10.9 的回归结果，H3、H3a1、H3b、H3c、H3d 依然成立。

表 10.10 针对股市周期的稳健性检验：创新质量（Inv_quality^{median}）（一）

变量	牛市				
	（1）	（2）	（3）	（4）	（5）
$\beta^{\text{contagion}}$	−0.807***	−0.813***	−0.809***	−0.814***	−0.810***
	(−3.60)	(−3.47)	(−3.68)	(−3.52)	(−3.55)
CSR	0.028*				
	(1.65)				
$\beta^{\text{contagion}} \times \text{CSR}$	0.101**				
	(2.44)				

续表

变量	牛市				
	(1)	(2)	(3)	(4)	(5)
Marketization		0.069***			
		(3.28)			
$\beta^{\text{contagion}} \times$ Marketization		0.013***			
		(3.16)			
Chairman_net			0.256***		
			(2.59)		
$\beta^{\text{contagion}} \times$ Chairman_net			0.099***		
			(5.06)		
Manager_net				0.114**	
				(2.06)	
$\beta^{\text{contagion}} \times$ Manager_net				0.035***	
				(3.80)	
SA					0.109
					(1.32)
$\beta^{\text{contagion}} \times$ SA					0.022**
					(2.27)
控制变量	是	是	是	是	是
N	5162	5162	5162	5162	5162
R^2	0.439	0.443	0.440	0.441	0.440

变量	熊市				
	(6)	(7)	(8)	(9)	(10)
$\beta^{\text{contagion}}$	−0.501***	−0.510***	−0.495***	−0.498***	−0.507***
	(−2.80)	(−2.91)	(−2.95)	(−2.88)	(−2.69)
CSR	0.036*				
	(1.87)				
$\beta^{\text{contagion}} \times$ CSR	0.147***				
	(2.70)				
Marketization		0.083***			
		(3.12)			
$\beta^{\text{contagion}} \times$ Marketization		0.015***			
		(2.91)			

续表

变量	熊市				
	（6）	（7）	（8）	（9）	（10）
Chairman_net			0.275**		
			(2.05)		
$\beta^{contagion} \times$ Chairman_net			0.092***		
			(4.10)		
Manager_net				0.062**	
				(2.55)	
$\beta^{contagion} \times$ Manager_net				0.038***	
				(4.75)	
SA					0.123*
					(1.91)
$\beta^{contagion} \times$ SA					0.014***
					(3.08)
控制变量	是	是	是	是	是
N	4057	4057	4057	4057	4057
R^2	0.400	0.398	0.401	0.404	0.399

注：括号内的数字为经 White 稳健标准误调整后的 t 值

***、**、*分别表示 1%、5%、10%的显著性水平

　　考虑到数据处理流程和样本量的不同，我们单独进行包含行业博弈状态调节项的稳健性检验。受限于子样本的数据量和时间跨度，以及避免自由度的大量损失，我们去除了年度控制变量序列和行业控制变量序列并采用 pooled OLS 估计。表 10.11（包含行业博弈状态调节项）列示了交叉传染风险与创新数量之间关系的稳健性检验结果，股票市场的"牛""熊"周期没有影响本书的主要结论：交叉传染风险越高，创新数量越少；若上市企业的行业博弈状态为竞争、反向捕食，则交叉传染风险与创新数量的负向关系会增强；若上市企业的行业博弈状态为共生、正向捕食，则交叉传染风险与创新数量的负向关系会减弱。

表 10.11　针对股市周期的稳健性检验：创新数量（Inv_quantity）（二）

变量	牛市								
	（1）	（2）	（3）	（4）	（5）	（6）	（7）	（8）	（9）
$\beta^{contagion}$	−8.886***	−8.891***	−8.889***	−8.890***	−8.885***	−8.886***	−8.892***	−8.890***	−8.884***
	(−4.92)	(−4.67)	(−4.88)	(−4.70)	(−4.99)	(−4.82)	(−4.77)	(−5.00)	(−4.96)
Competition	−0.934								
	(−0.66)								

续表

变量	牛市								
	（1）	（2）	（3）	（4）	（5）	（6）	（7）	（8）	（9）
$\beta^{contagion} \times$ Competition	−1.085** (−2.18)								
Predation2		−2.353 (−1.40)							
$\beta^{contagion} \times$ Predation2		−1.404** (−2.47)							
Predation1			0.559** (2.46)						
$\beta^{contagion} \times$ Predation1			2.802** (2.09)						
Mutualism				2.115** (2.08)					
$\beta^{contagion} \times$ Mutualism				3.714** (2.55)					
Amensalism2					0.307 (1.02)				
$\beta^{contagion} \times$ Amensalism2					2.100 (0.90)				
Amensalism1						−2.108 (−0.90)			
$\beta^{contagion} \times$ Amensalism1						0.650 (−0.72)			
Commensalism2							−3.423 (−1.47)		
$\beta^{contagion} \times$ Commensalism2							−0.710 (−0.66)		
Commensalism1								1.780 (0.28)	
$\beta^{contagion} \times$ Commensalism1								2.644 (0.59)	
Neutral									0.732 (0.67)
$\beta^{contagion} \times$ Neutral									−0.405 (−0.24)
控制变量	是	是	是	是	是	是	是	是	是
N	675	675	675	675	675	675	675	675	675
R^2	0.305	0.309	0.311	0.310	0.304	0.306	0.309	0.304	0.308

续表

变量	熊市								
	（10）	（11）	（12）	（13）	（14）	（15）	（16）	（17）	（18）
$\beta^{contagion}$	-5.413^{***}	-5.420^{***}	-5.417^{***}	-5.421^{***}	-5.419^{***}	-5.414^{***}	-5.417^{***}	-5.423^{***}	-5.420^{***}
	（-6.80）	（-6.57）	（-6.69）	（-6.51）	（-6.86）	（-6.77）	（-6.82）	（-6.50）	（-6.63）
Competition	-0.823								
	（-0.41）								
$\beta^{contagion} \times$ Competition	-1.472^{***}								
	（-2.95）								
Predation2		-2.115^{**}							
		（-1.96）							
$\beta^{contagion} \times$ Predation2		-1.704^{***}							
		（-3.30）							
Predation1			0.864^{*}						
			（1.83）						
$\beta^{contagion} \times$ Predation1			2.160^{**}						
			（2.47）						
Mutualism				2.893^{***}					
				（3.12）					
$\beta^{contagion} \times$ Mutualism				2.009^{*}					
				（1.93）					
Amensalism2					0.520				
					（1.53）				
$\beta^{contagion} \times$ Amensalism2					2.418				
					（0.59）				
Amensalism1						-1.665			
						（-1.20）			
$\beta^{contagion} \times$ Amensalism1						-0.327			
						（-0.26）			
Commensalism2							-2.991		
							（-0.76）		
$\beta^{contagion} \times$ Commensalism2							-0.904		
							（-0.98）		
Commensalism1								1.424	
								（0.79）	
$\beta^{contagion} \times$ Commensalism1									3.882
									（1.00）

续表

变量	熊市								
	（10）	（11）	（12）	（13）	（14）	（15）	（16）	（17）	（18）
Neutral									0.523
									（1.30）
$\beta^{contagion} \times$ Neutral									−0.557
									（−0.92）
控制变量	是	是	是	是	是	是	是	是	是
N	521	521	521	521	521	521	521	521	521
R^2	0.402	0.406	0.397	0.403	0.399	0.402	0.400	0.401	0.397

注：括号内的数字为经 White 稳健标准误调整后的 t 值

***、**、*分别表示 1%、5%、10%的显著性水平

表 10.12（包含行业博弈状态调节项）列示了交叉传染风险与创新质量之间关系的稳健性检验结果（我们同样去除了年度控制变量序列和行业控制变量序列并采用 pooled OLS 估计），股票市场的"牛""熊"周期没有影响本书的主要结论：交叉传染风险越高，创新质量越低；若上市企业的行业博弈状态为竞争、反向捕食，则交叉传染风险与创新质量的负向关系会增强；若上市企业的行业博弈状态为共生、正向捕食，则交叉传染风险与创新质量的负向关系会减弱。结合表 10.7 的回归结果，H3、H3e、H3f 依然成立。

表 10.12　针对股市周期的稳健性检验：创新质量（Inv_quality^{median}）（二）

变量	牛市								
	（1）	（2）	（3）	（4）	（5）	（6）	（7）	（8）	（9）
$\beta^{contagion}$	−0.712***	−0.719***	−0.714***	−0.710***	−0.711***	−0.710***	−0.720***	−0.718***	−0.715***
	（−3.00）	（−2.93）	（−3.08）	（−2.82）	（−2.90）	（−2.98）	（−2.96）	（−3.01）	（−3.10）
Competition	−0.048**								
	（−1.97）								
$\beta^{contagion} \times$ Competition	−0.069***								
	（−3.08）								
Predation2		−0.125***							
		（−2.65）							
$\beta^{contagion} \times$ Predation2		−0.070**							
		（−2.02）							
Predation1			0.081**						
			（2.25）						

续表

变量	牛市								
	（1）	（2）	（3）	（4）	（5）	（6）	（7）	（8）	（9）
$\beta^{contagion} \times$ Predation1			0.076*** (2.59)						
Mutualism				0.077*** (3.30)					
$\beta^{contagion} \times$ Mutualism				0.124*** (3.01)					
Amensalism2					0.119 (0.38)				
$\beta^{contagion} \times$ Amensalism2					0.066 (1.40)				
Amensalism1						−0.025 (−1.03)			
$\beta^{contagion} \times$ Amensalism1						−0.094 (−0.73)			
Commensalism2							0.183 (0.70)		
$\beta^{contagion} \times$ Commensalism2							0.026 (1.65)		
Commensalism1								0.078 (0.99)	
$\beta^{contagion} \times$ Commensalism1								0.105 (0.27)	
Neutral									−0.062 (−0.78)
$\beta^{contagion} \times$ Neutral									−0.130 (−0.47)
控制变量	是	是	是	是	是	是	是	是	是
N	675	675	675	675	675	675	675	675	675
R^2	0.339	0.334	0.335	0.338	0.340	0.335	0.341	0.337	0.339

变量	熊市								
	（10）	（11）	（12）	（13）	（14）	（15）	（16）	（17）	（18）
$\beta^{contagion}$	−0.409*** (−5.15)	−0.420*** (−4.70)	−0.421*** (−4.96)	−0.410*** (−4.80)	−0.417*** (−5.20)	−0.419*** (−4.95)	−0.415*** (−5.24)	−0.420*** (−4.98)	−0.412*** (−5.11)
Competition	−0.055 (−1.28)								

续表

变量	熊市								
	（10）	（11）	（12）	（13）	（14）	（15）	（16）	（17）	（18）
$\beta^{contagion} \times$ Competition	−0.040** (−2.26)								
Predation2		−0.107*** (−3.61)							
$\beta^{contagion} \times$ Predation2		−0.059** (−2.47)							
Predation1			0.097** (2.10)						
$\beta^{contagion} \times$ Predation1			0.045** (2.02)						
Mutualism				0.092*** (3.76)					
$\beta^{contagion} \times$ Mutualism				0.106*** (2.70)					
Amensalism2					0.140 (0.79)				
$\beta^{contagion} \times$ Amensalism2					0.085 (0.84)				
Amensalism1						−0.077 (−1.35)			
$\beta^{contagion} \times$ Amensalism1						−0.120 (−0.91)			
Commensalism2							0.211 (0.33)		
$\beta^{contagion} \times$ Commensalism2							0.067 (0.50)		
Commensalism1								0.133 (1.48)	
$\beta^{contagion} \times$ Commensalism1								0.100 (0.67)	
Neutral									−0.057 (−0.20)
$\beta^{contagion} \times$ Neutral									−0.168 (−0.99)
控制变量	是	是	是	是	是	是	是	是	是
N	521	521	521	521	521	521	521	521	521
R^2	0.505	0.502	0.505	0.498	0.501	0.503	0.497	0.498	0.504

注：括号内的数字为经 White 稳健标准误调整后的 t 值

***、**分别表示 1%、5%的显著性水平

10.2.3　其他稳健性检验

此外，本章还做了以下稳健性检验：①在回归方程中引入交易所虚拟变量以控制上交所、深交所在发行制度、信息披露制度、投资者构成等方面存在的差异；②为了防止股票的换手率对单一股票所承担的交叉传染风险的潜在影响，我们除了在回归方程中引入换手率变量之外，还按照股票的换手率进行排序，针对高换手率和低换手率组合进行了子样本回归；③无论是 CAPM、Fama-French 三因子模型、Carhart 四因子模型、Fama-French 五因子模型，还是动态混合 β 模型，其测度的系统性风险都会受到无风险收益率的影响，我们以三个月期限的定期存款利率除以 3 代替一年期的定期存款利率除以 12 表示无风险收益率；④行业博弈状态的度量依赖于股票市场上所有行业中规模排名前十的上市公司，我们依据总市值大小和营业收入高低进行重新排序，以代替依据流通市值大小进行的排序；⑤行业博弈状态的度量依赖于每家公司包含的 9 种动态关系的得票统计，我们令得票数大于或等于 2 的动态关系为该公司在所属行业的博弈状态（每家公司最多对应 4 种行业博弈状态，即包含 5 种动态关系，其中有 4 种动态关系得票数为 2）。所有稳健性检验的结果与本第 9 章的结论基本一致，说明第 9 章的结论是稳健的。

10.3　小　　结

本章主要研究了企业承担的系统性风险中的交叉传染风险与技术创新的关系，在此基础之上探究了企业社会责任、市场化水平、董事长和总经理的社会关系网络、社会关注度、行业博弈状态是否会影响交叉传染风险与技术创新的关系，进而挖掘交叉传染风险影响企业技术创新的作用机理和传导路径。首先，采用分组排序的方法探究交叉传染风险与创新数量和质量之间的关系，发现企业所承担的系统性风险中的交叉传染风险与创新数量和质量均存在着负相关关系。其次，通过回归方法实证分析交叉传染风险与创新数量和质量之间的关系，以及企业社会责任、市场化水平、董事长和总经理的社会关系网络、社会关注度、行业博弈状态对交叉传染风险与创新数量和质量之间关系的影响，研究结果显示：①交叉传染风险越高，技术创新水平越低；②企业的社会责任表现越好，交叉传染风险与技术创新水平的负向关系越弱；③企业所在地区的市场化水平越高，交叉传染风险与技术创新水平的负向关系越弱；④董事长和总经理的社会关系网络越丰富，交叉传染风险与技术创新水平的负向关系越弱；⑤社会关注度越高，交叉传染风险与技术创新水平的负向关系越弱；⑥若上市企业的行业博弈状态为竞争、反向捕食，则交叉传染风险与技术创新水平的负向关系会增强；⑦若上市企业的行业博弈状态为共生、正向捕食，则交叉传染风险与技术创新水平的负向关系会减弱。最后，针对以上实证分析的回归结果进行了相应的稳健性检验。

第 11 章　总　　结

11.1　主　要　结　论

技术创新是社会生产力发展的源泉：与企业组织的天然联系使其可以通过技术进步-应用创新的"双螺旋结构"加速商业化流程，与目标产品的自然结合使其可以直接作用于社会大众，以上两个特征决定了技术创新对经济社会的方方面面都有着巨大的影响。然而，技术创新呈现出的通常仅仅是"结果"部分，其"过程"部分蕴藏的艰辛并不为人们关注，而恰恰这一部分才能反映技术创新的本质——与高收益相伴，技术创新的背后往往伴随着巨大的风险。技术创新对"环境"的依赖性非常强，影响企业技术创新的不同风险之间存在着环环相扣、难以分离的性质，一种风险既可能是下一种风险的原因，又可能是上一种风险的结果，呈现出高度的系统性。简单来说，影响企业技术创新的风险具有全局性和连带性，是一种系统性风险：其一，整个系统受到的冲击致使单一个体无法幸免；其二，单一个体之间的交叉连带导致风险迅速蔓延至整个系统。受限于研究视角，以往文献针对单一环节、单一类型的风险与技术创新之间关系的研究方法存在"只见树木，不见森林"的窘境，对应的研究结论也"失之偏颇"。

基于以上情况，本书借鉴 Cosemans 等（2016）采用动态混合 β 测度方法的研究逻辑，摒弃了共同风险因子的概念并对市场风险 β 进行二次分层，将其归因于三类系统性风险：宏观经济风险、微观企业风险、交叉传染风险。因此，本书针对风险与技术创新关系的研究不仅抓住了技术创新风险的"系统性"这一重要特征，而且厘清了影响技术创新的系统性风险的不同来源，尤其是对于交叉传染这一系统性风险的重要性质，运用资产定价模型对交叉传染风险进行测度更为精准地反映了系统性风险的"外部性"，以往的定价模型是无法做到的。此外，只有从数量和质量两个维度对技术创新进行考量，才能较为客观、全面地反映技术创新的真实水平，国外学者一般采用专利的引用次数作为创新质量的代理变量，可是中国专利数据库未提供相关信息。本书借鉴 Akcigit 等（2016）、Aghion 等（2019）、张杰和郑文平（2018）的研究思路，使用中国专利数据库的企业专利数据，依据国际专利分类号，采用专利的知识宽度测算技术创新的质量。围绕系统性风险如何影响技术创新这一主题，本书取得的研究成果可以概括如下。

（1）利用转移概率矩阵分析企业（股票）所承载的系统性风险中的宏观经济

风险、微观企业风险和交叉传染风险的持续性特征：企业（股票）承载的宏观经济风险具有一定程度的持续性，不会随着宏观经济的起伏大幅波动，而是与企业自身的特征存在显著关联性，这一结果与经典 CAPM 以及本书采用的动态混合 β 测度方法的理论假说相一致；企业（股票）承载的微观企业风险具有非常明显的持续性，这一方面来源于不同企业在动态混合 β 测度方法下的微观企业因子（企业规模、企业价值、经营状况、财务状况）的显著差别，另一方面来源于相应因子的风险承担水平的稳定性；与宏观经济风险、微观企业风险不同，企业（股票）承载的交叉传染风险并不具有持续性，这一方面是因为交叉传染风险的因子是三个宏观经济因子（货币政策、财政政策、经济周期）和四个微观企业因子（企业规模、企业价值、经营状况、财务状况）的两两交叉组合，难以呈现稳定的规律性，另一方面是因为相应因子的风险承担水平具有不稳定性（最终的交叉传染风险是相关风险因子与因子载荷的线性组合）。

（2）企业（股票）承载的宏观经济风险越高，技术创新水平越低。首先，有形信息含量越高，宏观经济风险与技术创新水平的负向关系越弱，而无形信息含量对宏观经济风险与技术创新水平的负向关系没有产生显著影响。这说明了有形信息作为企业基本面的映射不断释放企业的经营理念策略、财务状况、盈利状况、市场占有率、经营管理体制、人才构成等信息，可以使外界更加了解企业运行的真实情况，缓解宏观经济风险所营造的紧张氛围，从而减弱宏观经济风险与技术创新的负向关系。其次，企业透明度越高，宏观经济风险与技术创新水平的负向关系越弱。这说明了运营稳健、财务状况良好的企业无须向外界传递相关信号，仅凭借自身的有效应对就能够减弱宏观经济风险对技术创新的不利影响。最后，若企业对应股票为融资融券标的，则宏观经济风险与技术创新水平的负向关系会减弱，这表明了融资融券交易的推出，尤其是相应的卖空交易，一方面使得宏观经济层面的风险传递更加顺畅，进而降低了由交易机制不畅导致的风险聚集的程度，另一方面融资融券交易具有的"创新激励效应"使得企业的创新效率得到了提升，因此企业的技术产出在技术创新投入不变的情况下显著提升。

（3）企业（股票）承载的微观企业风险越高，技术创新水平越低。首先，地方官员变更越频繁，微观企业风险与技术创新水平的负向关系越强，这说明了地方官员变更所引发的政策不确定对地方企业的经营、投资、融资等活动具有重要影响，官员变更所导致的政策实施不连续、政企关系重新调整等会通过微观企业风险的影响渠道作用于技术创新，从而放大微观企业风险对技术创新的负面影响。其次，管理者的过度自信水平越高，微观企业风险与技术创新水平的负向关系越强，可能的传导机制是过度自信的管理者会采取激进的债务融资决策，相关的债务融资期限也会更长，一定程度上容易受到流动性风险和经营风险等微观企业风险的影响，此外，过度自信的管理者一般有非常强烈的扩张冲动，会使相关企业的资本配置变化无常，容易受到微观企业风险的冲击。最后，投资者的过度自信水平越高，微观企业风险与技术创新水平的负向关系越强；投资者的损失厌恶程度越高，微观企业风险与技术创新水平的负向关系越弱。考虑到单一股票背后的投资者群体的交易行为会对企业管理层的行为决策产生影响，我们认为可能的传导机制为：过度自信的投资者较少关注公司披露的盈余信息，且通常倾向于过度交易，使得股票价格所承载的微观企业风险容易聚集并突然释放，企业管理层不得不做出应急措施，这对需要保持长期投入的技术创新起到了一定程度的抑制作用；损失厌恶的投资者对财务数据等"看得见摸得着"的信息更为敏感，股票价格所承载的微观企业风险可以更为迅速地反映企业的真实情况而不会累积形成突然性的冲击，管理者可以将更多精力用于企业未来的长期发展，如增加研发投入，这在一定程度上促进了企业的技术创新。

（4）企业（股票）承载的交叉传染风险越高，技术创新水平越低。第一，企业的社会责任表现越好，交叉传染风险与技术创新水平的负向关系越弱，可能的作用机理为：企业的社会责任可以通过信息效应和声誉保险效应两种传导机制作用于股票价格，并在一定程度上降低企业信息的不对称程度，缓解投资者的不理性情绪，因此对交叉传染风险的扩散起到了显著的抑制作用，间接减弱了交叉传染风险对企业技术创新的消极影响。第二，企业所在地区的市场化水平越高，交叉传染风险与技术创新水平的负向关系越弱。可能的原因是，市场化水平越低，企业越容易冒险并承担高于自身可承受能力的风险，这使得企业承担的风险与其对应网络中的风险相互传染并加大了交叉传染风险的作用强度。第三，董事长和总经理的社会关系网络越丰富，交叉传染风险与技术创新水平的负向关系越弱，且相对于总经理，董事长的社会关系网络对交叉传染风险与技术创新水平的负向关系的影响更大。我们认为其中的原因是：企业对交叉传染风险的承担能力与其社会网络存在着千丝万缕的关系，即社会网络越复杂，企业可以承受的风险水平就越高，在一定程度上"分散"了交叉传染风险对技术创新的负面影响，董事长对企业的影响比总经理要大，因此其社会网络对交叉传染风险与技术创新水平之间关系的调节作用理应更强。第四，社会关注度越高，交叉传染风险与技术创新水平的负向关系越弱。其中的原因可能是：上市企业的社会关注度越高，其管理层与投资者之间的信息传递就更为通畅，这在一定程度上抑制了投资者恐慌交易行为导致的风险传染，间接改善了企业技术创新的环境。第五，若上市企业的行业博弈状态为竞争、反向捕食，则交叉传染风险与技术创新水平的负向关系会增强；若上市企业的行业博弈状态为共生、正向捕食，则交叉传染风险与技术创新水平的负向关系会减弱。以上结果表明，与自然界的生物争夺物质资源类似，上市企业同样会争夺同一行业内的"生态资源"以求自身的快速发展。通常来说，竞争状态和反向捕食状态主要体现在成熟行业中，即行业的增速已经放缓，余下的发展空间比较有限：处于竞争状态的上市企业，自身较之其他对手没有竞争优势；处于反向捕食状态的上市企业，自身较之其他对手处于竞争劣势，这既可能是因为较低的生产率，也可能是因为较落后的商业模式。以上两类企业相较于其他企业面临更大的竞争压力，稍有不慎就会被淘汰出局，鉴于交叉传染风险的高度不确定性和快速传染性，企业的应对措施往往将自保而不是具有试错性质的技术创新作为首要目标，这在一定程度上放大了交叉传染风险对企业技术创新的不利影响。处于正向捕食状态的上市企业的情况正好相反，它们自身拥有比对手更高的生产率或更加先进的商业模式，在行业博弈中即便遭遇交叉传染风险也具有更大的选择空间，相对来说更加愿意将精力投入技术创新，以便确保未来的行业主导地位，这在一定程度上减弱了交叉传染风险对企业技术创新的不利影响。共生状态的上市企业往往存在于新兴行业中，行业的发展空间巨大，且任何一方的发展均能促进行业进步，所有企业都会从中受益，因此在面临交叉传染风险时，技术创新的"正外部性"得以体现，大大减弱了交叉传染风险对企业技术创新的不利影响。

综上所述，系统性风险对中国企业的技术创新水平的负面影响非常显著，不同种类的系统性风险特点各异，它们影响技术创新水平的传导路径和作用机理的差异也较大，因此企业在技术创新的过程中只有了解自身所承担的不同种类的系统性风险（宏观经济风险、微观企业风险、交叉传染风险）的数量多少和比例高低，才能采取有效的应对措施以及建立合适的预警机制。本书不仅为准确理解系统性风险如何影响技术创新提供了经验证据，而且为对应的风险管理提供了理论参考。

11.2　启示及建议

习近平总书记指出："创新是一个民族进步的灵魂，是一个国家兴旺发达的不竭动力，也是中华民族最深沉的民族禀赋。在激烈的国际竞争中，惟创新者进，惟创新者强，惟创新者胜。"[1]鉴于技术创新的收益不能完全由创新者独占，每一代的技术创新都会受益于上一代，而每一代的研发成本较上一代都会明显下降，这种巨大的"正外部性"提供了源源不断的动力，推动着经济持续增长。也因如此，世界各国均认识到了技术创新对经济增长的重要作用，纷纷采取相应措施鼓励和支持企业进行技术创新，并将其作为增强国家竞争力的有效手段。考虑到技术创新的背后隐藏着巨大的风险且呈现出高度的系统性，本书基于企业

---

[1] 《习近平在欧美同学会成立100周年庆祝大会上的讲话》，https://www.gov.cn/ldhd/2013-10/21/content_2511441.htm，2013-10-21。

（股票）承载的系统性风险视角实证研究了三种不同类型的系统性风险（宏观经济风险、微观企业风险、交叉传染风险）对技术创新水平的影响，以及相应的传导路径和作用机理。结合中国当前的发展现状和本书的研究结论，提出以下几点建议。

（1）企业可以通过释放更为准确和细致的经营理念策略、财务状况、盈利状况、市场占有率、经营管理体制、人才构成等信息，降低投资者和企业之间的信息不对称程度，减少外界由宏观经济风险所引发的对企业经营状况的质疑，同时确保自身的运营稳健性，进而减弱宏观经济风险对技术创新的负面影响。

（2）建立完善的公司章程，引入制衡机制，减少由企业管理者过度自信所引发的激进投融资行为和运营策略，避免没有必要的兼并扩张以及变化无常的资本配置，尽可能与当地政府建立良好的合作关系，减弱由地方官员变更所导致的政策不确定、不连续对自身经营活动的冲击，吸引更多的机构投资者持有公司股票并与之建立长期的信任关系，减少股票市场上投资者对该公司股票的过度交易行为，进而减弱微观企业风险对技术创新的负面影响。

（3）企业可以更好地履行社会责任，通过信息效应和声誉保险效应两种机制减少消费者、供应商以及投资者在特殊时期的不理性行为，分散交叉传染风险对企业自身的冲击，企业的董事长和总经理应该尽量扩展、丰富自己的社会关系网络，努力提升公司的社会关注度，提升企业对交叉传染风险的承担能力并抑制投资者受恐慌情绪影响而做出的非理性交易行为导致的风险传染，改善企业的技术创新环境，减弱交叉传染风险对技术创新的负面影响。

（4）基于上市企业的行业博弈视角，与其他企业建立起合作互利的关系是企业自身保持健康、稳定发展的必要途径，不仅可以为技术创新提供有利环境，也是减弱交叉传染风险对技术创新的负面影响的有效手段。此外，企业应该努力做好转型升级，争取向"食物链"上游进发，即拥有更高的生产率和更为先进的商业模式，较早进入具有良好前景的行业是实现这一目标最为直接的方式：提前布局新行业，尽早开拓新市场，完成对后续企业的战略卡位，争取确立行业领导地位，以便在接下来的行业博弈中占据"优势状态"（如正向捕食）。

（5）对于政府和监管当局来说，完善股票市场的监管制度、扩大融资融券标的规模、大力培育机构投资者并引导其转化为长线资金可以为企业的技术创新提供有利条件，此外，营造良好的创新环境、制定正确的产业政策、引导并推动产业结构升级是促进企业技术创新的直接手段。

（6）企业承担的系统性风险中的宏观经济风险以及交叉传染风险的组成部分与政府的货币政策、财政政策具有重要关联关系，因此保持稳定的广义货币供应量增长率和政府固定资产投资增长率，不仅可以为企业的技术创新营造良好环境，而且可以减弱宏观经济风险、交叉传染风险对技术创新的负面影响。至于作为宏观经济风险、交叉传染风险重要组成部分的经济周期对企业技术创新的影响则不仅取决于国内经济环境，而且与全球贸易环境、国际资本流动紧密关联，很难做到有效防范，政府需要针对国内、国外的经济形势和政治走向进行综合权衡以便采取措施。

参 考 文 献

蔡庆丰, 杨侃. 2013. 是谁在"捕风捉影": 机构投资者 VS 证券分析师: 基于 A 股信息交易者信息偏好的实证研究. 金融研究, (6): 193-206.

曹春方. 2013. 政治权力转移与公司投资: 中国的逻辑. 管理世界, (1): 143-157, 188.

陈海强, 范云菲. 2015. 融资融券交易制度对中国股市波动率的影响: 基于面板数据政策评估方法的分析. 金融研究, (6): 159-172.

陈胜蓝, 卢锐. 2012. 股权分置改革、盈余管理与高管薪酬业绩敏感性. 金融研究, (10): 180-192.

陈爽英, 井润田, 龙小宁, 等. 2010. 民营企业家社会关系资本对研发投资决策影响的实证研究. 管理世界, (1): 88-97.

陈凤, 吴俊杰. 2014. 管理者过度自信、董事会结构与企业投融资风险: 基于上市公司的经验证据. 中国软科学, (6): 109-116.

陈信元, 黄俊. 2016. 股权分置改革、股权层级与企业绩效. 会计研究, (1): 56-62, 92.

褚剑, 方军雄. 2016. 中国式融资融券制度安排与股价崩盘风险的恶化. 经济研究, 51(5): 143-158.

邓可斌, 关子桓, 陈彬. 2018. 宏观经济政策与股市系统性风险: 宏微观混合 β 估测方法的提出与检验. 经济研究, 53(8): 68-83.

丁志国, 苏治, 赵晶. 2012. 资产系统性风险跨期时变的内生性: 由理论证明到实证检验. 中国社会科学, (4): 83-102, 206-207.

樊纲, 王小鲁, 马光荣. 2011. 中国市场化进程对经济增长的贡献. 经济研究, 46(9): 4-16.

高勇强, 陈亚静, 张云均. 2012. "红领巾"还是"绿领巾": 民营企业慈善捐赠动机研究. 管理世界, (8): 106-114, 146.

古志辉, 郝项超, 张永杰. 2011. 卖空约束、投资者行为和 A 股市场的定价泡沫. 金融研究, (2): 129-148.

郝项超, 梁琪, 李政. 2018. 融资融券与企业创新: 基于数量与质量视角的分析. 经济研究, 53(6): 127-141.

何兴强, 李涛. 2007. 不同市场态势下股票市场的非对称反应: 基于中国上证股市的实证分析. 金融研究, (8): 131-140.

胡昌生, 夏凡捷. 2016. 投资者关注度、冷门股效应与股票收益. 金融经济学研究, 31(6): 15-27.

江伟. 2010. 管理者过度自信, 融资偏好与公司投资. 财贸研究, 21(1): 130-138.

江轩宇. 2016. 政府放权与国有企业创新: 基于地方国企金字塔结构视角的研究. 管理世界, (9): 120-135.

姜付秀, 张敏, 陆正飞, 等. 2009. 管理者过度自信、企业扩张与财务困境. 经济研究, 44(1): 131-143.

黎文靖, 郑曼妮. 2016. 实质性创新还是策略性创新?——宏观产业政策对微观企业创新的影响. 经济研究, 51(4): 60-73.

李凤羽, 史永东. 2016. 经济政策不确定性与企业现金持有策略: 基于中国经济政策不确定指数的实证研究. 管理科学学报, 19(6): 157-170.

李建勇, 彭维瀚, 刘天晖. 2016. 我国多层次场内股票市场板块互动关系研究: 基于种间关系的视角. 金融研究, (5): 82-96.

李文贵, 余明桂. 2012. 所有权性质、市场化进程与企业风险承担. 中国工业经济, (12): 115-127.

李心丹, 王冀宁, 傅浩. 2002. 中国个体证券投资者交易行为的实证研究. 经济研究, (11): 54-63, 94.

李志生, 杜爽, 林秉旋. 2015. 卖空交易与股票价格稳定性: 来自中国融资融券市场的自然实验. 金融研究, (6): 173-188.

廖理, 贺裴菲, 张伟强, 等. 2013. 中国个人投资者的过度自信和过度交易研究. 投资研究, 32(8): 35-46.

廖理, 沈红波, 郦金梁. 2008. 股权分置改革与上市公司治理的实证研究. 中国工业经济, (5): 99-108.

刘锋, 叶强, 李一军. 2014. 媒体关注与投资者关注对股票收益的交互作用: 基于中国金融股的实证研究. 管理科学学报, 17(1): 72-85.

刘海洋, 林令涛, 黄顺武. 2017. 地方官员变更与企业兴衰: 来自地级市层面的证据. 中国工业经济, (1): 62-80.

陆蓉, 徐龙炳. 2004. "牛市"和"熊市"对信息的不平衡性反应研究. 经济研究, (3): 65-72.

陆瑶, 张叶青, 贾睿, 等. 2017. "辛迪加"风险投资与企业创新. 金融研究, (6): 159-175.

罗党论, 廖俊平, 王珏. 2016. 地方官员变更与企业风险: 基于中国上市公司的经验证据. 经济研究, 51(5): 130-142.

罗党论, 佘国满. 2015. 地方官员变更与地方债发行. 经济研究, 50(6): 131-146.

罗进辉, 杜兴强. 2014. 媒体报道、制度环境与股价崩盘风险. 会计研究, (9): 53-59, 97.

权小锋, 吴世农, 尹洪英. 2015. 企业社会责任与股价崩盘风险: "价值利器"或"自利工具"?. 经济研究, 50(11): 49-64.

权小锋, 肖红军. 2016. 社会责任披露对股价崩盘风险的影响研究: 基于会计稳健性的中介机理. 中国软科学, (6): 80-97.

权小锋, 尹洪英. 2017. 中国式卖空机制与公司创新: 基于融资融券分步扩容的自然实验. 管理世界, (1): 128-144, 187-188.

申宇, 赵静梅, 何欣. 2016. 校友关系网络、基金投资业绩与"小圈子"效应. 经济学(季刊), 15(1): 403-428.

史永东, 杨瑞杰. 2018. 是谁影响了股价下行风险: 有形信息 VS 无形信息. 金融研究, (10): 189-206.

宋献中, 胡珺, 李四海. 2017. 社会责任信息披露与股价崩盘风险: 基于信息效应与声誉保险效应的路径分析. 金融研究, (4): 161-175.

孙俊华, 陈传明. 2009. 企业家社会资本与公司绩效关系研究: 基于中国制造业上市公司的实证研究. 南开管理评论, 12(2): 28-36.

谭松涛, 王亚平. 2006. 股民过度交易了么?——基于中国某证券营业厅数据的研究. 经济研究, (10): 83-95.

唐清泉, 徐欣. 2010. 企业 R&D 投资与内部资金: 来自中国上市公司的研究. 中国会计评论, (3): 341-362.

唐未兵, 傅元海, 王展祥. 2014. 技术创新、技术引进与经济增长方式转变. 经济研究, 49(7): 31-43.

汪昌云, 汪勇祥. 2007. 资产定价理论: 一个探索股权溢价之谜的视角. 管理世界, (7): 136-151.

王小鲁, 樊纲, 刘鹏. 2009. 中国经济增长方式转换和增长可持续性. 经济研究, 44(1): 4-16.

王营, 张光利. 2018. 董事网络和企业创新: 引资与引智. 金融研究, (6): 189-206.

温军, 冯根福. 2018. 风险投资与企业创新: "增值"与"攫取"的权衡视角. 经济研究, 53(2): 185-199.

向诚, 陆静. 2018. 投资者有限关注、行业信息扩散与股票定价研究. 系统工程理论与实践, 38(4): 817-835.

徐朝辉, 周宗放. 2016. 管理者过度自信对企业信用风险的影响机制. 科研管理, 37(9): 136-144.

徐业坤, 钱先航, 李维安. 2013. 政治不确定性、政治关联与民营企业投资: 来自市委书记更替的证据. 管理世界, (5): 116-130.

徐映梅, 高一铭. 2017. 基于互联网大数据的 CPI 舆情指数构建与应用: 以百度指数为例. 数量经济技术经济研究, 34(1): 94-112.

杨海生, 才国伟, 李泽槟. 2015. 政策不连续性与财政效率损失: 来自地方官员变更的经验证据. 管理世界, (12): 12-23, 187.

杨瑞杰. 2019. 行业博弈、信息优势与股价暴跌风险. 经济管理, 41(3): 156-173.

应千伟, 呙昊婧, 邓可斌. 2017. 媒体关注的市场压力效应及其传导机制. 管理科学学报, 20(4): 32-49.

应千伟, 周开国, 陈双双. 2015. 中国资本市场中媒体关注与股票投资回报: 风险补偿还是注意力驱动?. 证券市场导报, (5): 33-42.

游家兴, 刘淳. 2011. 嵌入性视角下的企业家社会资本与权益资本成本: 来自我国民营上市公司的经验证据. 中国工业经济, (6): 109-119.

余明桂, 李文贵, 潘红波. 2013. 管理者过度自信与企业风险承担. 金融研究, (1): 149-163.

余明桂, 夏新平, 邹振松. 2006. 管理者过度自信与企业激进负债行为. 管理世界, (8): 104-112, 125, 172.

俞鸿琳. 2013. 关系网络、商业信用融资与民营企业成长. 经济科学, (4): 116-128.

俞庆进, 张兵. 2012. 投资者有限关注与股票收益: 以百度指数作为关注度的一项实证研究. 金融研究, (8): 152-165.

袁鲲, 段军山, 沈振宇. 2014. 股权分置改革、监管战略与中国股市波动性突变. 金融研究, (6): 162-176.

张杰, 郑文平. 2018. 创新追赶战略抑制了中国专利质量么?. 经济研究, 53(5): 28-41.

张劲帆, 李汉涟, 何晖. 2017. 企业上市与企业创新: 基于中国企业专利申请的研究. 金融研究,

(5): 160-175.

张军, 高远. 2007. 官员任期、异地交流与经济增长: 来自省级经验的证据. 经济研究, (11): 91-103.

张敏, 童丽静, 许浩然. 2015. 社会网络与企业风险承担: 基于我国上市公司的经验证据. 管理世界, (11): 161-175.

张宗新, 杨通旻. 2014. 盲目炒作还是慧眼识珠?——基于中国证券投资基金信息挖掘行为的实证分析. 经济研究, 49(7): 138-150, 164.

张宗新, 杨万成. 2016. 声誉模式抑或信息模式: 中国证券分析师如何影响市场?. 经济研究, 51(9): 104-117.

赵龙凯, 陆子昱, 王致远. 2013. 众里寻"股"千百度: 股票收益率与百度搜索量关系的实证探究. 金融研究, (4): 183-195.

赵子夜, 杨庆, 陈坚波. 2018. 通才还是专才: CEO 的能力结构和公司创新. 管理世界, 34(2): 123-143.

周小川. 2004. 完善法律制度, 改进金融生态. http://www.pbc.gov.cn/hanglingdao/128697/128719/128766/2834961/index.html[2024-05-15].

周煊, 程立茹, 王皓. 2012. 技术创新水平越高企业财务绩效越好吗?——基于 16 年中国制药上市公司专利申请数据的实证研究. 金融研究, (8): 166-179.

邹国庆, 高向飞. 2008. 企业外部社会资本的测量及其功效: 基于中国房地产开发和经营行业上市公司的实证研究. 吉林大学社会科学学报, (3): 97-104, 160.

Aboody D, Lev B. 2000. Information asymmetry, R&D, and insider gains. The Journal of Finance, 55(6): 2747-2766.

Acharya V, Xu Z X. 2017. Financial dependence and innovation: the case of public versus private firms. Journal of Financial Economics, 124(2): 223-243.

Aghion P, Akcigit U, Bergeaud A, et al. 2019. Innovation and top income inequality. The Review of Economic Studies, 86(1): 1-45.

Aghion P, van Reenen J, Zingales L. 2013. Innovation and institutional ownership. American Economic Review, 103(1): 277-304.

Akcigit U, Baslandze S, Stantcheva S. 2016. Taxation and the international mobility of inventors. American Economic Review, 106(10): 2930-2981.

Akcigit U, Grigsby J, Nicholas T, et al. 2022. Taxation and innovation in the 20th century. The Quarterly Journal of Economics, 37(1): 329-385.

Akerlof G A. 1970. The market for "lemons": quality, uncertainty, and the market mechanism. The Quarterly Journal of Economics, 84(3): 488-500.

Alesina A, Perotti R. 1996. Income distribution, political instability, and investment. European Economic Review, 40(6): 1203-1228.

Allen F, Gale D. 2000. Financial contagion. Journal of Political Economy, 108(1): 1-33.

Andersen T G, Bollerslev T, Diebold F X, et al. 2005. A framework for exploring the macroeconomic determinants of systematic risk. American Economic Review, 95(2): 398-404.

Ang A, Kristensen D. 2012. Testing conditional factor models. Journal of Financial Economics, 106(1): 132-156.

Antikainen M, Valkokari K. 2016. A framework for sustainable circular business model innovation. Technology Innovation Management Review, 6(7): 5-12.

Arena M, Cross R, Sims J, et al. 2017. How to catalyze innovation in your organization. MIT Sloan Management Review, 58(4): 38-48.

Asness C S, Moskowitz T J, Pedersen L H. 2013. Value and momentum everywhere. The Journal of Finance, 68(3): 929-985.

Atanassov J, Nanda V, Seru A. 2007. Finance and innovation: the case of publicly traded firms. Ann Arbor: Ross School of Business.

Audretsch D B, Lehmann E E. 2004. Financing high-tech growth: the role of banks and venture capitalists. Schmalenbach Business Review, 56(4): 340-357.

Ayyagari M, Demirgüç-Kunt A, Maksimovic V. 2007. Firm innovation in emerging markets: the roles of governance and finance. https://doi.org/10.1596/1813-9450-4157[2024-05-15].

Baker G, Gibbons R, Murphy K J. 2002. Relational contracts and the theory of the firm. The Quarterly Journal of Economics, 117(1): 39-84.

Baker S R, Bloom N, Davis S J. 2016. Measuring economic policy uncertainty. The Quarterly Journal of Economics, 131(4): 1593-1636.

Balland P A, Boschma R, Frenken K. 2015. Proximity and innovation: from statics to dynamics. Regional Studies, 49(6): 907-920.

Barabási A L, Albert R. 1999. Emergence of scaling in random networks. Science, 286(5439): 509-512.

Barberis N M, Huang M. 2001. Mental accounting, loss aversion, and individual stock returns. The Journal of Finance, 56(4): 1247-1292.

Beck T, Levine R. 2002. Industry growth and capital allocation: does having a market-or bank-based system matter?. Journal of Financial Economics, 64(2): 147-180.

Belev G C. 1989. Minimizing risk in high-technology programs. Cost Engineering, 31(1): 11-14.

Benfratello L, Schiantarelli F, Sembenelli A. 2008. Banks and innovation: microeconometric evidence on Italian firms. Journal of Financial Economics, 90(2): 197-217.

Benner M J, Tushman M L. 2003. Exploitation, exploration, and process management: the productivity dilemma revisited. Academy of Management Review, 28(2): 238-256.

Berkelaar A B, Kouwenberg R, Post T. 2004. Optimal portfolio choice under loss aversion. Review of Economics and Statistics, 86(4): 973-987.

Bester H. 1985. Screening vs rationing in credit markets with imperfect information. American Economic Review, 75(4): 850-855.

Bhagat S, Welch I. 1995. Corporate research & development investments international comparisons. Journal of Accounting and Economics, 19(2/3): 443-470.

Bhattacharya S, Ritter J R. 1983. Innovation and communication: signalling with partial disclosure.

The Review of Economic Studies, 50(2): 331-346.

Bhattacharya U, Hsu P H, Tian X, et al. 2017. What affects innovation more: policy or policy uncertainty?. Journal of Financial and Quantitative Analysis, 52(5): 1869-1901.

Billings B A, Fried Y. 1999. The effects of taxes and organizational variables on research and development intensity. R&D Management, 29(3): 289-302.

Blundell R, Griffith R, van Reenen J. 1999. Market share, market value and innovation in a panel of British manufacturing firms. The Review of Economic Studies, 66(3): 529-554.

Brealey R, Leland H E, Pyle D H. 1977. Informational asymmetries, financial structure, and financial intermediation. The Journal of Finance, 32(2): 371-387.

Byrnes J P, Miller D C, Schafer W D. 1999. Gender differences in risk taking: a meta-analysis. Psychological Bulletin, 125(3): 367-383.

Caggese A. 2012. Entrepreneurial risk, investment, and innovation. Journal of Financial Economics, 106(2): 287-307.

Carhart M M. 1997. On persistence in mutual fund performance. The Journal of Finance, 52(1): 57-82.

Carlin W, Mayer C. 2003. Finance, investment, and growth. Journal of Financial Economics, 69(1): 191-226.

Chan L K C, Karceski J, Lakonishok J. 2003. The level and persistence of growth rates. The Journal of Finance, 58(2): 643-684.

Chandler G N, Hanks S H. 1994. Market attractiveness, resource-based capabilities, venture strategies, and venture performance. Journal of Business Venturing, 9(4): 331-349.

Chava S, Oettl A, Subramanian A, et al. 2013. Banking deregulation and innovation. Journal of Financial Economics, 109(3): 759-774.

Che Y, Lu Y, Tao Z G, et al. 2013. The impact of income on democracy revisited. Journal of Comparative Economics, 41(1): 159-169.

Chen C L, Kim J B, Yao L. 2017. Earnings smoothing: does it exacerbate or constrain stock price crash risk?. Journal of Corporate Finance, 42: 36-54.

Cheung Y W, Ng L K. 1998. International evidence on the stock market and aggregate economic activity. Journal of Empirical Finance, 5(3): 281-296.

Chiao C. 2002. Relationship between debt, R&D and physical investment, evidence from US firm-level data. Applied Financial Economics, 12(2): 105-121.

Christensen C M, Rosenbloom R S. 1995. Explaining the attacker's advantage: technological paradigms, organizational dynamics, and the value network. Research Policy, 24(2): 233-257.

Chuang W I, Lee B S. 2006. An empirical evaluation of the overconfidence hypothesis. Journal of Banking & Finance, 30(9): 2489-2515.

Chui A C W, Titman S, Wei K C J. 2010. Individualism and momentum around the world. The Journal of Finance, 65(1): 361-392.

Cochrane J H. 2005. Asset Pricing: Revised Edition. Princeton: Princeton University Press.

Cornaggia J, Mao Y F, Tian X, et al. 2015. Does banking competition affect innovation?. Journal of Financial Economics, 115(1): 189-209.

Cosemans M, Frehen R, Schotman P C, et al. 2016. Estimating security betas using prior information based on firm fundamentals. The Review of Financial Studies, 29(4): 1072-1112.

Cull R, Demirgüç-Kunt A, Lin J Y. 2013. Financial structure and economic development: a reassessment. The World Bank Economic Review, 27(3): 470-475.

da Rin M, Nicodano G, Sembenelli A. 2006. Public policy and the creation of active venture capital markets. Journal of Public Economics, 90(8/9): 1699-1723.

Dahl M S, Pedersen C Ø R. 2005. Social networks in the R&D process: the case of the wireless communication industry around Aalborg, Denmark. Journal of Engineering and Technology Management, 22(1/2): 75-92.

Daniel K, Titman S. 1997. Evidence on the characteristics of cross-sectional variation in stock returns. The Journal of Finance, 52(1): 1-33.

Daniel K, Titman S. 2006. Market reactions to tangible and intangible information. The Journal of Finance, 61(4): 1605-1643.

de Long J B, Shleifer A, Summers L H, et al. 1990. Positive feedback investment strategies and destabilizing rational speculation. The Journal of Finance, 45(2): 379-395.

Dechow P M, Sloan R, Sweeney A P. 1995. Detecting earnings management. Accounting Review: A Quarterly Journal of the American Accounting Association, 70(2): 193-225.

Dimson E. 1979. Risk measurement when shares are subject to infrequent trading. Journal of Financial Economics, 7(2): 197-226.

Dockner E J, Siyahhan B. 2015. Value and risk dynamics over the innovation cycle. Journal of Economic Dynamics and Control, 61: 1-16.

Easterwood J C, Nutt S R. 1999. Inefficiency in analysts' earnings forecasts: systematic misreaction or systematic optimism?. The Journal of Finance, 54(5): 1777-1797.

Fama E F. 1970. Efficient capital markets: a review of theory and empirical work. The Journal of Finance, 25(2): 383-417.

Fama E F. 1990. Stock returns, expected returns, and real activity. The Journal of Finance, 45(4): 1089-1108.

Fama E, French K R. 1992. The cross-section of expected stock returns. The Journal of Finance, 47(2): 427-465.

Fama E F, French K R. 1993. Common risk factors in the returns on stocks and bonds. Journal of Financial Economics, 33(1): 3-56.

Fama E F, French K R. 2012. Size, value, and momentum in international stock returns. Journal of Financial Economics, 105(3): 457-472.

Fama E F, French K R. 2015. A five-factor asset pricing model. Journal of Financial Economics, 116(1): 1-22.

Farrell K A, Whidbee D A. 2003. Impact of firm performance expectations on CEO turnover and replacement decisions. Journal of Accounting and Economics, 36(1/2/3): 165-196.

Ferrary M. 2010. Syndication of venture capital investment: the art of resource pooling. Entrepreneurship Theory and Practice, 34(5): 885-907.

Fortin I, Hlouskova J. 2015. Downside loss aversion: winner or loser?. Mathematical Methods of Operations Research, 81(2): 181-233.

Freeman R N, Ohlson J A, Penman S H. 1982. Book rate-of-return and prediction of earnings changes: an empirical investigation. Journal of Accounting Research, 20(2): 639-653.

Fulghieri P, Sevilir M. 2009. Organization and financing of innovation, and the choice between corporate and independent venture capital. Journal of Financial and Quantitative Analysis, 44(6): 1291-1321.

Gans J S, Hsu D H, Stern S. 2002. When does start-up innovation spur the gale of creative destruction?. The RAND Journal of Economics, 33(4): 571-586.

Garas A, Argyrakis P, Rozenblat C, et al. 2010. Worldwide spreading of economic crisis. New Journal of Physics, 12(11): 113043.

Gervais S, Odean T. 2001. Learning to be overconfident. Review of Financial Studies, 14(1): 1-27.

Gigerenzer G, Hoffrage U, Kleinbölting H. 1991. Probabilistic mental models: a Brunswikian theory of confidence. Psychological Review, 98(4): 506-528.

Gomes F J. 2005. Portfolio choice and trading volume with loss-averse investors. Journal of Business, 78(2): 675-706.

Green M B. 2004. Venture capital investment in the United States 1995-2002. The Industrial Geographer, 2(1): 2-30.

Griliches Z. 1998. R&D and productivity: the econometric evidence. Cambridge: National Bureau of Economic Research.

Grossman G M, Helpman E. 1991. Trade, knowledge spillovers, and growth. European Economic Review, 35(2/3): 517-526.

Guellec D, van Pottelsberghe de la Potterie B. 2004. From R&D to productivity growth: do the institutional settings and the source of funds of R&D matter?. Oxford Bulletin of Economics and Statistics, 66(3): 353-378.

Hales J. 2007. Directional preferences, information processing, and investors' forecasts of earnings. Journal of Accounting Research, 45(3): 607-628.

Hall B H. 2002. The financing of research and development. Oxford Review of Economic Policy, 18(1): 35-51.

He J, Tian X. 2013. The dark side of analyst coverage: the case of innovation. Journal of Financial Economics, 109(3): 856-878.

He Z L, Wong P K. 2004. Exploration vs. exploitation: an empirical test of the ambidexterity hypothesis. Organization Science, 15(4): 481-494.

Hirshleifer D, Low A, Teoh S H. 2012. Are overconfident CEOs better innovators?. The Journal of Finance, 67(4): 1457-1498.

Hsu P H, Tian X, Xu Y. 2014. Financial development and innovation: cross-country evidence. Journal of Financial Economics, 112(1): 116-135.

Hu A G, Jefferson G H. 2009. A great wall of patents: what is behind China's recent patent explosion?. Journal of Development Economics, 90(1): 57-68.

Jaffe A B, Trajtenberg M, Fogarty M S. 2000. Knowledge spillovers and patent citations: evidence from a survey of inventors. American Economic Review, 90(2): 215-218.

Jagannathan R, Wang Z Y. 1996. The conditional CAPM and the cross-section of expected returns. The Journal of Finance, 51(1): 3-53.

Jansen J J P, van den Bosch F A J, Volberda H W. 2006. Exploratory innovation, exploitative innovation, and performance: effects of organizational antecedents and environmental moderators. Management Science, 52(11): 1661-1674.

Jegadeesh N, Titman S. 1993. Returns to buying winners and selling losers: implications for stock market efficiency. The Journal of Finance, 48(1): 65-91.

Jiang H. 2010. Institutional investors, intangible information, and the book-to-market effect. Journal of Financial Economics, 96(1): 98-126.

Jin L, Myers S C. 2006. R^2 around the world: new theory and new tests. Journal of Financial Economics, 79(2): 257-292.

Jones J J. 1991. Earnings management during import relief investigations. Journal of Accounting Research, 29(2): 193-228.

Julio B, Yook Y. 2012. Political uncertainty and corporate investment cycles. The Journal of Finance, 67(1): 45-83.

Kamien M I, Schwartz N L. 1978. Optimal exhaustible resource depletion with endogenous technical change. The Review of Economic Studies, 45(1): 179-196.

Kim J B, Li Y H, Zhang L D. 2011. CFOs versus CEOs: equity incentives and crashes. Journal of Financial Economics, 101(3): 713-730.

Kim J B, Zhang L D. 2016. Accounting conservatism and stock price crash risk: firm-level evidence. Contemporary Accounting Research, 33(1): 412-441.

Klepper S. 1996. Entry, exit, growth, and innovation over the product life cycle. The American Economic Review, 86(3): 562-583.

Langlois R N, Mowery D C. 1995. The federal government role the development of the U.S. software industry//Mowery D C. The International Computer Software Industry: A Comparative Study of Industry Evolution and Structure. New York: Oxford University Press: 53-85.

la Porta R, Lakonishok J, Shleifer A, et al. 1997. Good news for value stocks: further evidence on market efficiency. The Journal of Finance, 52(2): 859-874.

Leslie P H. 1958. A stochastic model for studying the properties of certain biological systems by numerical methods. Biometrika, 45(1/2): 16-31.

Levin J. 2003. Relational incentive contracts. American Economic Review, 93(3): 835-857.

Li H B, Zhou L A. 2005. Political turnover and economic performance: the incentive role of personnel control in China. Journal of Public Economics, 89(9/10): 1743-1762.

Linder M, Williander M. 2017. Circular business model innovation: inherent uncertainties. Business Strategy and the Environment, 26(2): 182-196.

Lotka A J. 1925. Elements of Physical Biology. Baltimore: Williams and Wilkins.

Macnaghten P. 2016. Responsible innovation and the reshaping of existing technological trajectories: the hard case of genetically modified crops. Journal of Responsible Innovation, 3(3): 282-289.

Maksimovic V, Phillips G. 2007. Conglomerate firms and internal capital markets. Handbook of Empirical Corporate Finance, 1: 423-479.

Malmendier U, Tate G. 2005. CEO overconfidence and corporate investment. The Journal of Finance, 60(6): 2661-2700.

Malmendier U, Tate G. 2008. Who makes acquisitions? CEO overconfidence and the market's reaction. Journal of Financial Economics, 89(1): 20-43.

Mansfield E. 1963. The speed of response of firms to new techniques. The Quarterly Journal of Economics, 77(2): 290-311.

Martzoukos S H, Trigeorgis L. 2002. Real (investment) options with multiple sources of rare events. European Journal of Operational Research, 136(3): 696-706.

Massa L, Tucci C L. 2013. Business model innovation//Dodgson M, Gann D M, Phillips N. The Oxford Handbook of Innovation Management. New York: Oxford University Press: 420-441.

May R M, Levin S A, Sugihara G. 2008. Complex systems: ecology for bankers. Nature, 451(7181): 893-895.

McMillan G S, Narin F, Deeds D L. 2000. An analysis of the critical role of public science in innovation: the case of biotechnology. Research Policy, 29(1): 1-8.

Miller M H, Scholes M. 1972. Rates of return in relation to risk: a reexamination of some recent findings. New York: Studies in The Theory of Cap-Ital Markets.

Mitchell M L, Mulherin J H. 1994. The impact of public information on the stock market. The Journal of Finance, 49(3): 923-950.

Modis T. 1999. Technological forecasting at the stock market. Technological Forecasting and Social Change, 62(3): 173-202.

Myers S C, Majluf N S. 1984. Corporate financing and investment decisions when firms have information that investors do not have. Journal of Financial Economics, 13(2): 187-221.

Nelson R R. 1993. National Innovation Systems: A Comparative Analysis. New York: Oxford University Press.

Odean T. 1998. Are investors reluctant to realize their losses?. The Journal of Finance, 53(5): 1775-1798.

Odean T. 1999. Do investors trade too much?. American Economic Review, 89(5): 1279-1298.

Otway H J, von Winterfeldt D. 1982. Beyond acceptable risk: on the social acceptability of technologies. Policy Sciences, 14: 247-256.

Pakes A, Griliches Z. 1984. Patents and R&D at the firm level: a first look//Griliches Z. R&D,

Patents, and Productivity. Chicago: University of Chicago Press: 55-72.

Parker G, van Alstyne M. 2018. Innovation, openness, and platform control. Management Science, 64(7): 3015-3032.

Peneder M. 2008. The problem of private under-investment in innovation: a policy mind map. Technovation, 28(8): 518-530.

Peneder M. 2010. Technological regimes and the variety of innovation behaviour: creating integrated taxonomies of firms and sectors. Research Policy, 39(3): 323-334.

Petersen M A. 2009. Estimating standard errors in finance panel data sets: comparing approaches. The Review of Financial Studies, 22(1): 435-480.

Petkova R, Zhang L. 2005. Is value riskier than growth?. Journal of Financial Economics, 78(1): 187-202.

Polak J J, Boughton J M. 2005. Streamlining the financial structure of the international monetary fund//Polak J J, Boughton J M. Economic Theory and Financial Policy. New York: Routledge: 175-199.

Prajogo D I. 2016. The strategic fit between innovation strategies and business environment in delivering business performance. International Journal of Production Economics, 171: 241-249.

Rajan R G, Zingales L. 1998. Power in a theory of the firm. Quarterly Journal of Economics, 113(2): 387-432.

Roll R. 1977. A critique of the asset pricing theory's tests part I: on past and potential testability of the theory. Journal of Financial Economics, 4(2): 129-176.

Romer P M. 1990. Are nonconvexities important for understanding growth?. The American Economic Review, 80(2): 97-103.

Rosenberg D. 2002. The two cycles of venture capital. The Journal of Corporation Law, 28: 419.

Rouwenhorst K G. 1998. International momentum strategies. The Journal of Finance, 53(1): 267-284.

Scholes M, Williams J. 1977. Estimating betas from nonsynchronous data. Journal of Financial Economics, 5(3): 309-327.

Schrand C M, Zechman S L C. 2012. Executive overconfidence and the slippery slope to financial misreporting. Journal of Accounting and Economics, 53(1/2): 311-329.

Schumpeter J A. 1912. The Theory of Economic Development: An Inquiry into Profits, Capital, Credit, Interest, and the Business Cycle. Cambridge: Harvard University Press.

Schwert G W. 1990. Stock returns and real activity: a century of evidence. The Journal of Finance, 45(4): 1237-1257.

Shannon C E. 1948. A mathematical theory of communications. The Bell System Technical Journal, 27(3): 379-423.

Shi C. 2003. On the trade-off between the future benefit and riskness of R&D: a bondholders Perspective. Journal of Accounting and Economics, 35(2): 227-254.

Siegel J J. 1998. Stocks for the Long Run. New York: McGraw-Hill.

Sprott J C. 2004. Competition with evolution in ecology and finance. Physics Letters A, 325(5/6):

329-333.

Statman M, Thorley S, Vorkink K. 2006. Investor overconfidence and trading volume. The Review of Financial Studies, 19(4): 1531-1565.

Storey C, Easingwood C. 1993. The impact of the new product development project on the success of financial services. The Service Industries Journal, 13(3): 40-54.

Tadesse S. 2002. Financial architecture and economic performance: international evidence. Journal of Financial Intermediation, 11(4): 429-454.

Teece D J. 1986. Profiting from technological innovation: implications for integration, collaboration, licensing and public policy. Research Policy, 15(6): 285-305.

Tsinopoulos C, Sousa C M P, Yan J. 2018. Process innovation: open innovation and the moderating role of the motivation to achieve legitimacy. Journal of Product Innovation Management, 35(1): 27-48.

Utterback J M. 1994. One point of view: radical innovation and corporate regeneration. Research-Technology Management, 37(4): 10.

Wang N, Hagedoorn J. 2014. The lag structure of the relationship between patenting and internal R&D revisited. Research Policy, 43(8): 1275-1285.

Watts D J, Strogatz S H. 1998. Collective dynamics of 'small-world' networks. Nature, 393(6684): 440-442.

Windmeijer F. 2005. A finite sample correction for the variance of linear efficient two-step GMM estimators. Journal of Econometrics, 126(1): 25-51.

Zahra S A. 1996. Technology strategy and financial performance: examining the moderating role of the firm's competitive environment. Journal of Business Venturing, 11(3): 189-219.

Zhang L. 2005. The value premium. The Journal of Finance, 60(1): 67-103.

Zhang X F. 2006. Information uncertainty and stock returns. The Journal of Finance, 61(1): 105-137.